品格を磨く

高野登

Discover
ディスカヴァー

人生の師匠たちに

ひとは本物のおとなとの出会いで磨かれる。
では、本物のおとなとは、いかなるひとか？
それは、心から他人の成功を祈ることができるひと。
そして、過ちを厳しく指摘し、正しき道を示すひと。
さらに、宇宙のような大きな愛でひとを包み込むひと。

苦しいとき、悲しいときには、心の伴走者として、
嬉しいときには、喜びを分かち合える朋として、
本物のおとなの在り方を示してくれる。
人生の師匠とは、なんと有り難い存在でしょうか。

はじめに

「言葉と行動が品格をつくる」

ホテルマン人生にピリオドを打って以来七年間、ご縁あって、百年先を見据えていまの生き方、在り方を考える「寺子屋百年塾」という、経営者を中心とした学びの場を、全国十数ヵ所で開催させていただいてまいりました。

本書は、その中のひとつ、九州寺子屋百年塾の二〇一五年のテーマ——品格について、講義録をもとにまとめたものです。

人は経営者のどこに品格を感じるのでしょうか。

品格を感じる人とそうでない人がいるとするならば、その違いはどこからくるのでしょうか。


さまざまな視点から品格の本質を考えたとき、どうやら言葉と行動がその大きな要素になるということに思い至りました。

組織の一体感は、その構成員がどんな言葉を習慣的に使っているかで決まります。善い言葉が使われている組織には「善の循環」が起きます。悪しき言葉を常習的に使っていると、その組織には「悪の循環」が生まれます。なぜか。

それは言葉が行動を決定づけるからです。

聖書には、「まず言葉ありき」と書かれています。言葉がすべての出発点なのです。

品格とは美しく格好よくあること、などではありません。むしろ不恰好ななかに、思わぬ品格を感じることが多々あります。

たとえば、評論家と経営者の違いを考えてみます。

いわゆる識者と呼ばれる評論家の方たちは、スマートな出で立ちで、自らは汗を流すことなく、リングに立った戦士たちを「打ち方がまずい」「前に踏み出さなくては」「戦略がなってない」などと酷評します。そしてかれらは、リングに立たないから「無敗」です。

しかしそれは「無勝利」であることをも意味します。

残念ながらそこに品格を感じることは稀でしょう。

ひるがえって経営者は、「自ら発する言葉を行動に起こす」ことに意味を見出します。行動を伴わない知識や評論からは、真の智恵や成長が生まれないことを知っているからです。しかし、それは同時に失敗する、ということでもあります。つまりリングに上がって果敢に挑戦しても、多くの場合、無様な負けを喫することを意味します。連打を浴び、顔ははれ上がり、パンチすら繰り出せない……。つまるところ、ビジネスもまた数えきれないほどの失敗のうえに成り立っているということです。

しかし、私たちは、そうした経営者の戦う姿に、勇者としての品格を感じずにはいられません。勇者の品格、それは夢とミッションを追いかける本気の姿勢からのみ生まれるものです。そして社員はそんなトップの姿に、心からの尊敬の念を抱くのです。トップの品格が組織の品格へと昇華する瞬間です。

三十五年間のホテルマン人生で、そうした品格をまとった多くの経営者やビジネスパーソンと出会えたことは人生の宝です。本書のメッセージが、みなさまの日々の在り方、過ごし方に、少しでも参考になりましたなら、それ以上の喜びはありません。

なお、本書で述べている「品格」に対する考え方は、あくまで私の独断に基づくものです。ですから、塾生のみなさんと同様に、この本を手にとってくださった読者のみなさまにも、「私はこう感じますが、あなたはどうお考えですか?」という、私からの問いかけであると受けとっていただけましたら嬉しく思います。

高野　登

もくじ

第四章　社会の品格　155

第一章

品格とは何か?

第一講

品格とは何か?

「品格」とは何か?
まずは、その定義から始めましょう。

組織の「一体感」と「品格」

これまで、多くの企業にお招きいただき、講演や研修をさせていただいてきましたが、うまくいっている組織、結果を出している組織の中に入ったときに、共通して感じることがあります。
それは、「**一体感**」です。

素晴らしい業績を挙げている組織には、必ず一体感があります。

リーダーがいて、サブリーダーがいて、現場の人たちがいる。そのすべての人たちが一体となって働いているのです。

では、その一体感をつくり出しているものは何なのでしょうか？

品格について難しい言葉で語ることならいくらでもできるでしょうが、私は、その一体感をつくり出しているものこそが、組織の、すなわち、組織を構成する一人ひとりの「品格」だと思っています。

逆に言えば、**「一体感を生み出す感性」こそが、「品格」**です。

「欲」を捨てる

では、「一体感」を生み出すためにもっとも重要なことは何でしょうか？

これは、それを妨げるものを考えてみればおわかりでしょう。

すなわち、自分自身の「欲」を消し去ることです。

もちろん、すべてを消し去ることはできません。孔子ですら、『論語』のなかで、「欲はできるだけ持つな」と言うにとどめているのですから。

できる範囲で、「欲」を捨て、「私」、あるいは「我」を捨てていくことです。そうするなかで、見えてくるものがあるはずです。

では、組織のリーダーが捨てるべき「私」「我」とは何か？

そのことをお話しする前に、私たちがどのように、人として育てられてきたのかを振り返ってみたいと思います。

第二講　「品格」は、「大人《たいじん》」に宿る

「小学」――人としてあるべき当たり前のことを身につける

私たちは、生まれてこの方、家庭や学校で、多くのことを習ってきましたが、それらはすべて、「小学」と「大学」という概念を学ぶことでした。

小学生とか大学生という意味ではありません。「小学」については、むしろ、昔の「尋常小学校」という名称にこそ、その意味が示されています。

尋常とは、「常を尋ねる」ということ。

では、常とは何か？　それは、「人としてあるべき当たり前の姿」です。

では、「人としてあるべき当たり前の姿を尋ねる」とはどういうことか？　といえば、「自分自身の在り方に責任を持つ」ということです。

すなわち、**「小学」とは、「自分をつくる」こと**なのです。

これを受けて、尋常小学校には、「修身」の時間がありました。文字どおり、「身を修める」ための学問です。

当時は、尋常小学校を出てすぐに世の中に出ていく人がたくさんいましたから（松下幸之助さんやシャープの創業者の早川徳次さんらは、尋常小学校すら出ていません）、世に出たときに恥ずかしくない、人としてあるべき当たり前の在り方、考え方を身につけていく必要があったのです。

つまり、世の中に出ていったとき、一人前のおとなになっている――当たり前の常識を身につけ、堂々と仕事ができる、そういう人材を昔の小学校は育てていたのです。

「大学」——相手に対して、自分を修める

それでは、「大学」とは、何を指すのでしょうか？　もちろん、いまの大学のことではなく、「小学」に対する「大学」の概念です。

「大学」の思想とは、「小学」が「自分を修める」ものであったのに対し、自分を修めたそのうえで、「人を修める」ことです。

支配するのではありません。**他者の思いを修める、すなわち、相手の心の中に届くものを自分の中に持つ**ということです。

別の言い方をすると、自分のために自分自身に責任を持つのが、「小学」の学びであり、相手に対して自分自身に責任を持つことが「大学」の学びであるといえましょう。

そして、これができている人を「**大人**《たいじん》」といいます。

これに対し、自分自身のことに責任を持つにとどまる人を「小人《しょうにん》」といいます。決して「小さい人」という意味ではありません。昨今は、大学を出ていても、これすらできていない人々が散見されますが……。

よく、心を修めるために、自分自身と向き合いなさい、ということが言われますが、重要なのは、何のために向き合うのか、です。自分自身が楽になるため、というのは「小人」の域です。「大人」は、人の役に立つために自分と向き合います。

すなわち、**人の役に立つために、自分の心を修めていくこと**が、人の人としての成長です。それができている人、少なくとも、そこに向かって努めている人に、私たちは、「品格」を感じるのです。

第三講　自分の心を修めるたったひとつの方法

度しがたい二つの感情といかに向き合うか

自分の心を修めるとはすなわち、喜怒哀楽の感情を自分できちんとコントロールできるようになることです。

人間社会で起きるトラブル、人との間に起こるトラブルとは、つまるところ、自分の喜怒哀楽の感情を修められていないことにあると言っていいでしょう。

なかでも難しいのが、私利私欲への誘惑。そして、嫉妬です。

以前お目にかかった、ある京都のご住職も、「死ぬまで自分の中に度しがたい思いが二つある。欲と嫉妬の念である」とおっしゃっていました。

たとえば、隣の寺の坊主が最近よくテレビに出ていて評判がいい、なんであいつが、と胸がざわざわするのだと、長い間修行を積んできた八十歳を過ぎたお坊さんがおっしゃるのです。

だとすると、凡人である私たちには、それらを完全にコントロールすることなど到底無理なのかもしれません。けれども、たとえ生涯無理であったとしても、それを修めていこうと意識していくことが、心を修めていく唯一の道だと思います。

「私」を捨てる

「私」という漢字の成り立ちを調べると、もともと、五穀豊穣の五穀、すなわち食べ物を自分のほうに引き寄せる状態を表していることがわかります。

これをいまの時代に当てはめると、たとえば、社長が売り上げの何割かを自動的に持っていくような行為、政治家が公金を自分の個人的用途に使うような行為です。

そんな会社に一体感は生まれるでしょうか？　そんな政治家をリーダーとして信頼する人はいるでしょうか？

「私」を捨てない限り、組織の中に一体感をつくり出していくことが難しいことは容易に想像がつくでしょう。

これが、第一講でお話しした、「私」を捨てること、「欲」を捨てることの重要性です。

第四講

リーダーが消し去るべき「私」とは？

宮本武蔵はいうまでもなく歴史に残る優れた剣豪でした。しかしながら、かれはお城の城主になれたでしょうか？　おそらくなれなかったでしょう。かれは、人並み外れたその腕を消し去ることをしていないからです。

多くの場合、優れた腕（知識やスキルなどのリソース）を持つことが、リーダーとなる人の最初の関門となります。しかし、真に優れたリーダーとなっていくのは、その腕を消し去ることができる人ではないでしょうか。

一流プレイヤーであり続けるか、一流プレイヤーを育てる側に回るか

昔、巨人軍を九連覇に導いた川上哲治という名監督がいました。かれ自身、現役時代は、打撃の王様といわれた名選手でしたが、監督に就任したのちは、その打撃力をアピールすることはありませんでした。現役選手としての最大の能力である打撃力、すなわち現場力を封印し、その気配を消し去ったのです。

現場の第一線で一流プレイヤーとして発揮する力と、リーダーとなるときに発揮すべき力は異なります。そして、リーダーが自身の現場力を上手に消している組織には一体感があり、品格があります。

もしもリーダーを目指すのであれば、いずれ自分の気配の消し方を考えるべきときがやってくる。そのことを自覚していることです。

ホテル業界でもときどき、スーパープレイヤーともいうべきホテルマンが現れますが、かれらが組織をつくっていくケースは非常に少ない。

あるいは、日本にも世界ランキングに入るようなソムリエが何人もいますが、かれらが自分の会社をつくり発展させているという話はあまり聞きません。

それは、できないからではなく、やらないからです。ずっとソムリエやホテルマンの世界で、現場で第一線に立ち続けることを選択しているからなのです。でも数名の人たちは、組織をつくり、自分の下に世界ランキングのソムリエやホテルマンを育てています。つまり、役割が違う、ということです。

自分がずっと一流プレイヤーとして第一線で活躍することを選択するのか、自分の気配を消しながら、自分のあとに続く人を育てることを選択するのか。

どちらが優れているかとか、そういうことではまったくなく、どのような人生を自分が全うしたいと思っているか、ということです。

「私」を消し去る人がリーダーとなる

もし、どうしても「私」を消し去ることができないのなら、自分がもともとリーダーとなることを望んでいるわけではないと自覚すべきです。それより生涯第一線で活躍し続けられるよう努力すべきです。それもまた見事な一生となるでしょう。

一方、リーダーを目指す人は、自分を超える一流プレイヤーを育てるために、プレイヤーとしての自分の気配を消すべく努めるべきです。

「私」、すなわち、自分の優れた腕への賞賛、評価への欲を消し去ることに成功した人が優れたリーダーとなります。

第五講

根幹の「哲学」が「品格」をつくる

「品格」とは、「一体感を生み出す感性」である、と最初に定義しました。そして、リーダーにはリーダーの、一流プレイヤーには一流プレイヤーの、組織における、それぞれの役割があることをお話ししました。それぞれの役割のなかで、「品格」が問われるシーンもまた異なってくるということです。

では、さまざまな役割を志向する、さまざまなレベルの人たちによって成り立つ組織というものの一体感を支えるものは何なのでしょうか？

結論からいうと、それが、「基軸」であり、言い換えれば、「哲学」そのものです。

「品格」のある企業には、優れた「哲学」があります。その「哲学」が、組織全体に行き渡り、全社員に共有され、共感が生まれているのです。

人もまた同じでしょう。自分自身の「哲学」を持っている人には、「品格」があります。本来隠れて見えない奥深くにあるその人の「哲学」が、外面に「品格」となって現れるのです。

外見は、内側にあるものの反映として非常に重要

いまだに、中身がきちんとしていれば外見はどうでもいい、という人がいますが、はたしてそうでしょうか。私たちがだれかを指して、あの人には品格があるとか、品性に欠けるとか言うとき、ほとんどの場合、外見からそれを判断しているのではないでしょうか。

いわゆる「外見」というのは、その人の持っている内面の、いちばん外側のことを意味します。

内面のいちばん外側である以上、大切にしない理由はありません。自分の中にぶれない「基軸」があるのなら、その基軸どおりのものが外側に現れてくるものです。

根っこと枝振り。どちらが大切か？

「本末転倒」という言葉があります。本質があって、末端がある、それが入れ替わってしまっている、という意味で使われます。「本質と末端」を木に喩えると、土の中に隠れている根っこの部分が本質で、枝やその先の葉や花は末端です。

地上に出ている葉や花、その枝振りから、土の中の根の状態をだいたい知ることができますから、いかに「外見」が重要かもおわかりいただけるでしょう。末端だからと軽視すべきではないのです。

一方、根っこだけ見て、どんな花や葉がつくかわかる人はほとんどいません。柿なのか桜なのかもわからない。土の中にあるので、天災などで露出する機会でもないと、ふつうは目にすることもできません。けれども、根っこがなくては、そもそも木は成り立たないことはだれでも知っています。

「哲学」と「品格」について、私は、この土の中にある見えない根が「哲学」であり、外に出て見えているものが「品格」だと思っています。

「品格」には、その根幹に「哲学」が必要なのです。しっかりとした自分なりの「哲学」を内部に持って、それが外側に反映しているとき、人は、その外側から、「品格」を感じるのです。

企業もまた然り。根幹に優れた「哲学」があり、それが社員の一人ひとりに理解され、日々の行動に反映されているとき、社内に爽やかな風、すなわち社風が生まれます。そして私たちはその社風から、組織の「品格」を敏感に感じとるものなのです。

第六講

あなたの「哲学」は何ですか？

天に恥ずべきことをしない

私は、長野県の戸隠村（旧）というところで生まれ育ちました。九州の宮崎の高千穂と神話の世界でいちばんつながっているとされる地域で、すぐ裏には、天照大神が隠れた天岩戸が飛んできてできたとされる戸隠山があり、その岩戸を投げた天手力男神《あめのたぢからおのみこと》が奉られています。

そういう田舎で生まれ育った私がいつもおとなたちから言われていたのは、どこにいても何をしていても、**戸隠山に恥ずかしいことをするな**、戸隠山に顔向けできないことはするな、ということでした。

いま振り返ってみると、それこそが私の人生観、「哲学」の原点だったと思います。「哲学」というと難しく聞こえますが、私の生き方、在り方の「基軸」をつくってくれたのですから、「哲学」であろうと思うのです。

百年二百年先を見据える信州商人道の教え

さて、高校時代には、商業高校だったこともあり、先生方から、いわば「信州商人道」を教え込まれました。

それは、**「たとえ最小の結果しか見えないときでも、最大の努力を惜しまない」**ということでした。

この「信州商人たちの心構え」もまた、私の「哲学」、価値観の基軸となりました。

つねに、楽に効率的にできるだけ早く儲けようとするのは、信州の商人道の、まさに「真逆」です。商人が栄えるとは、百年二百年三百年続くということで、一時的に大儲けすることではないと、私たちは考えるのです。

私はアメリカで二十年間働いてきました。特に生き馬の目を抜くようなニューヨークでの十年間は、自分自身との闘いでもありました。その間、現地で多くの日本の方たちとも出会ってきました。どうしてもアメリカに馴染めず帰国する人、逆にどんどんアメリカナイズされて日本人らしさを失くしていく人、さまざまでした。

私が、日本人らしさを失うことなく、アメリカ社会に溶け込んでいけたのは、「戸隠山に恥ずかしいことをしない」「つねに最大の努力を惜しまない」、この二つの軸があったおかげだと思っています。

哲学を持つ人の強さ

「人間は考える葦」だといわれます。そのとおり、弱々しく、少しの風にもなびき、揺れます。ふらふらと迷います。

けれども、根はなかなか抜けない。どんなに地上の部分が揺れていても、根っこが外れることはありません。

これが、私たち一人ひとりが哲学を持つことの意味です。

第七講

「企業哲学」が、社員の「言葉」を決め、「行動」を決める

「企業哲学」が社員の言動を決める

どんな企業にも多かれ少なかれ、企業哲学というものがあります。

そして、哲学を強く持つ個人が強いのと同様に、優れた企業哲学が強く打ち出され、社員に共有されている組織ほど強いものはない。全員が、哲学に共鳴し、哲学どおりの働き方をするからです。

ブラック企業のように、悪しき哲学であったとしても、人は、いったんその中に入ると、その悪しき哲学に沿って働いてしまう。なぜなら、**「哲学」が、社員**

の使う「言葉」を決め、「行動」を決めるからです。

「六方よし」の経営

伊那食品工業という、経営者の間ではよく知られた素晴らしい会社がありま す。そこの社是、哲学は、「いい会社をつくりましょう」。
その哲学のもと、四十数年間、増収増益増員を続けています。この半世紀、日本の経済状況は大きく揺れていますが、この会社はぶれません。それだけ、根っこがしっかりしているということです。その社是が刻まれた石碑の裏には、塚越会長が敬愛する二宮尊徳翁の「遠くをはかるものは富み、近くをはかるものは貧す」の言葉が刻まれています。

伊那食品工業の企業規模は決して大きくありません。いわゆる中小企業のひとつです。ところがその塚越会長のもとに、世界的大企業であるトヨタの豊田章男さん以下、首脳陣が通っているというのです。

少し前、トヨタが下請け会社と価格交渉をしない、という前代未聞の発表をして日経新聞を賑わせましたが、塚越会長の影響が少なからずあったことは想像に難くありません。伊那食品工業は、この二十数年間、一度として取引業者と価格交渉をしたことがない、すべて言い値で仕入れていることで知られているからです。

「だって、信頼関係がすべてなんだから、交渉する必要なんてないじゃないか。向こうも最善を尽くしてくれているのだから」

一切のぶれがない、強烈な「哲学」を感じる、塚越会長のひと言です。

「いい会社とは何ですか?」との問いには、「**お客さまにとって、社員にとっ**

て、お取引先にとって、地域社会にとって、将来にとって、そして『天』にとっていい会社であり続けること」とおっしゃいます。

よく「三方よし」と言われますが、三方どころか「六方よし」です。

そして、「天によし」というところに、塚越会長の大人《たいじん》としての「徳」の高さを感じずにはいられません。

第八講 それが当たり前になったとき、「品格」となる

前の講でお話ししたように、伊那食品工業は、取引先と価格交渉をしません。これはすごいことです。

一年や二年なら、多くの企業でも可能でしょう。けれども、景気のいいときも悪いときも、十年、二十年と続けていくのは口で言うほど容易いことではないはずです。ところが、伊那食品工業では、それが当たり前になっているわけです。ずっと続けているので、だれも何も疑問すら感じていないのです。

ここで、「品格」のまた新たな側面が見えてきます。

「品格」は、それが当たり前のレベルで個人や会社のものとなっていなければならない、ということです。

「当たり前」となっている「哲学」は、新入社員にもすぐに浸透する

伊那食品工業を初めて訪れたとき、たまたま目に入った二十四、五歳の女性社員に尋ねました。「この会社の課題は何だと思いますか?」と。その問いに、なんと彼女はこう答えました。

「自分が成長していないことです。私がこの会社の課題です」

ふつうの会社の若い社員とは視点が違うのです。現場の人がみな、会社のことを本気で考えているのです。新入社員からして、すでに大人《たいじん》なのでした。

伊那食品工業には毎年、二十数名の新入社員が入社します。それでも入った瞬間、企業哲学が身につくのは、社内でそれが「当たり前」のレベルになっている

からでしょう。

ちなみに二十数名の募集に対して、多い年で八千名、少ない年でも四千名の応募があるそうです。「いい会社」であることが、全国に知れ渡っている何よりの証拠だと思います。


根がしっかりしていれば、枝はつねに変化し続けることができる

このように言うと、ずっと変わらぬ伝統を守り続けている会社のように思われるかもしれませんが、じつはそうではありません。むしろその逆と言ってもいいかもしれない。つまり、つねに進化し続けているのです。優れた技術力に裏打ちされた研究開発で、次々と新商品を送り出しています。

伺うたびにいつもどこか新しい試みを行っています。そこにも社員の主体性を感じます。

いわば枝や花の様子はいつも変わっている。ときには、接ぎ木をして新しい枝に新しい花が咲いているかもしれない。それでもぶれないのは、根っこがしっかりしているからなのです。

第五講でもお話しした地上の見える部分と、地中の見えない部分。これは、いわば、老子の言うところの「明徳」と「玄徳」です。目に見えない「玄徳」がしっかりしていることによって、目に見える「明徳」の部分は、つねに変化し続けることができるのです。

第九講

「哲学」が社員の全員に根付けば、会社はすぐに変わる

根っこがしっかりしていれば、周囲の変化を受け止め、自らも変化していくことができます。

「生き残るものとは、強いものでも、賢いものでもなく、変化に対応できるものである」と言ったのは、進化論のダーウィンですが、現代は変化に対応するだけでは生き残ることも進化することもできません。

自ら変化をつくり出していかなければならないのです。

パーソナルコンピュータの父と呼ばれたアラン・ケイもこう提唱しています。

「未来を予測する最善の方法は、自らそれを創り出すことである」

そのためにも、根っこである企業哲学や理念がしっかりしていることが必須なのです。

ハウステンボス再建の秘密

旅行業界の革命児、ＨＩＳの澤田秀雄社長。かれが新宿の小さな貸しビルで起業したときから存じ上げています。それをいまや世界に四百五十拠点、年商一千億の大企業に育て上げたかれの逸話は、それこそ枚挙にいとまはありませんが、最近では、倒産したハウステンボスの経営再建によって広く知られています。

かれは、ハウステンボス再建に乗り出した初年度に、一九九六年の開業以来初の営業黒字の決算を発表したのです。それも、リストラゼロで。

いかにそれを成し遂げたか？

かれは言います。三つのことを徹底しただけだと。すなわち——

挨拶をすること、整理整頓すること、ちゃんとした身なりで仕事すること。

その三つが徹底できている企業で収益を上げていない企業はないと、澤田さんは言います。言われてみれば、そのとおりです。

「整理整頓」のなかには、たとえば、ハウステンボスの施設のどんなところでも、錆があったら落として塗装する、ひっかき傷があったら直す、といったことも含まれます。そうしたことを一年間、とにかく徹底して行わせたそうです。

すると、どうなったか？

それまでずっと暗い顔をして働いていた従業員の表情が突然明るくなった、ということはありませんでした。澤田社長自身が泊まり込み、毎日、社員の前に立って、「笑顔ってこれだよ」「こういう表情でやろうよ」「こうやって笑おうよ」と挨拶の実践をやって見せなければならなかったそうです。

入社以来、ほとんどボーナスをもらったことのない社員に向かって「私はみなさんにボーナスを払いたくてしかたない、そのためにこの会社を買ったんだ」と言い続けたそうです。

最初は、それまで入れ替わり立ち替わり現れては去って行ったオーナーたちと同様、どうせこの人もすぐに逃げ出すのだろう、と思っていた社員たちでしたが、かれは一ヵ月経っても三ヵ月経っても毎日やって来る。そして熱く語り続ける。もしかしたら、この人、本気なのかもしれない……。

次第に社内の空気が変わりはじめたころ、澤田さんは社員たちに言ったそうです。

「みなさん、もうひとつだけ約束してください。いままでよりも早足で歩いてください」と。

そして、儲からない会社で働いている人たちは、こうやってのろのろ歩く、これを、もう少し早足で歩くとどうなるか、と手本を示して、全員に歩く練習をさせたのです。

すると何が起きたか。なんと、社員の表情がみるみる変わっていったというのです。

アイデアマンの気配を消す

ボタニカルガーデンという、なんだかよくわからない名前のバラ園を「世界一のバラ園」と名づけてハウステンボスの売りものにしました。冬の閑散期にお客さんを呼ぼうと始めた一千万個のイルミネーションも、いまや世界一となりました。ほとんど全部、澤田さんのアイデアです。かれはもともと稀代のアイデアマン、マーケティングのプロなのです。

でも、いったんスタートしたのちは、自分は表に出ることなく、すべてイノベーションチームの手柄としました。宮本武蔵の腕を持っていながら、静かに気配を消したのです。

まさに、リーダーの品格です。

リーダーの品格が組織の品格をつくる

伊那食品工業の塚越会長にしろ、ＨＩＳの澤田社長にしろ、いい会社をつくっている人には、リーダーの品格があり、その会社には組織の品格があります。

そういう組織のもとでは、ベテラン社員も学校を出たての新卒社員も、自分のことだけでなく、会社のことを考える。

会社が自分に何をしてくれるかではなく、自分が会社に対して何ができるかを考える。

会社の課題は自分が成長していないことだと言うことができる。自分がもっと成長することによって、ほかの人の仕事が楽になる、ほかの人の役に立てるようになる、と考えられる。

まさに、「大人《たいじん》」の発想です。

これを「品格」と呼ばずして、何と呼びましょうか。

まさに、個人の品格であり、組織の品格です。

第十講 それは、天から見て、正しいことか?

善悪という表現があります。正しいこと、正しくないこと。善いこと、悪いこと。いい人、嫌な人……。

自分の意見に賛同してくれると、いい人だと感じ、その同じ人があるとき、自分とは違う意見を支持すると、今度は、ひどい人だと感じる。あんなにいい奴だと思っていたのに、なんだ、あいつは と……。

こうしてみると、善悪とは、つねに相対的なものであることがわかります。

けれども、**天に照らし合わせて正しいこと。それはひとつしかありません。**

先にご紹介した伊那食品工業の塚越会長は、おっしゃいます。

「最後に正しいかどうかを決めるのは、だれか？　天だろう。それしかないだろう。天から見て正しいかどうかの一点で決めれば、世の中の正しいことは絶対的にひとつしかない」と。

人間にはだれしも善悪二面性があるものですが、その人間が行う行為の一つひとつを見れば、絶対的に正しいことというのがあるのです。

論語に、「善において止まる」というくだりがあります。

正しいものはひとつしかない。その時点ですべてが完結する、と。

では、止まらないとは？

「正」の反意語は「邪」です。邪心が入ると、たとえば、行為に私利私欲が混じります。自分の懐を肥やそうとしたりします。そしてそれは、とどまることがありません。

では、正しいか否かをだれの視点から見て決めるのか？

すなわち、天の摂理から、というわけです。

「品格」とは、その天の摂理に従うことと言ってもいいでしょう。

第二章

組織の品格

第十一講

あなたの組織の最大の宝物は何ですか？

この章では、「組織の品格」について、いろいろな角度から考えてみたいと思います。

一隅を照らす

昔々、魏の国の王様が斉の国の王様と、あるところで出会いました。

さっそく魏の国の王様は、斉の国の王様に自慢話を始めました。私の国には夜も照らすような大きな素晴らしい珠が十個もあると。

斉の国の王様は答えました。

「私の国には、そんな素晴らしい宝物はありません。私の国にあるのは、農業なら農業、こういうものをつくるといったら、それをつくる、物を運ぶ仕事なら物を運ぶ――一つひとつの仕事をだれよりも一生懸命やって一隅を照らすような人たちです。そうした人たちこそが、わが国の宝です」

それを聞いた魏の国の王様は、斉の国の王様の前に手をつき、ひれ伏しました。

――この中国のお話をもとにしたのでしょうか。天台宗の開祖、最澄は、その本の中で、次のように記しています。

「径寸《けいすん》十枚これ国宝に非ず、一隅を照らす、これ則ち国宝なり」

すなわち、「お金や財宝は国の宝ではなく、家庭や職場など、自分自身が置かれたその場所で、精いっぱい努力し、明るく光り輝くことのできる人こそ、何物にも代えがたい貴い国の宝である」と。

「一隅を照らす」という言葉はここから生まれたとされます。

組織が誇るべき宝物とは？

斉の国は、いまから二千五百年も前の中国の国、最澄は平安時代の人ですが、そこで言っていることは、いまも変わらぬ真実です。

と同時に、ここで注目すべきは、斉の国の王様の言葉が、魏の国の王様の中に、思わずライバルの前にひれ伏すほどの「パラダイムシフト」を起こしたという点です。

魏の国の王様の世界観、人生観を変えたのです。

それまでは、国にある見事な珠こそが国の宝だと思っていたのが、国の民こそが何よりの宝であると気づいたのですから。

自分の足下にあるものと向き合ってみようという姿勢、自分の民と向き合おうという姿勢、まさに、王者の「品格」です。

もし、組織のリーダーがいっしょに働いているメンバーと本気で向かい合って、この人たちこそがこの組織の宝物なのだ、わが社が誇るべきは、立派なビルでも商品でもなく、この人たちなのだと気づいたとしたら、そのリーダーは「品格」を持ちはじめたことになります。

と同時に、組織全体が「品格」を持ちはじめるのです。

第十二講
伸びる組織には、人を成長させる仕組みがある

この章のタイトルは、「組織の品格」ですが、結論からいうと、組織そのものには品格はありません。品格は組織の構成員によって醸し出されるものです。すなわち、**組織の構成員一人ひとりの品格の総和が、その組織の品格**となります。

組織の構成員の成長を支える組織の仕組み

組織の中には、その組織独特の風が流れています。それを「社風」といいます。どんな社風が吹いているか、どんな風が起きているのか……リーダーには、

風を起こす者としての責任があります。

その風を受けた自分の部下が、さらにその風に巻き込まれていくと、つむじ風となり、竜巻となる。それが、会社の繁栄をシナジー効果で支えるのです。

どんな大きな組織も、要するに、一人ひとりの集合体ですから、組織が伸びていくかどうかは、組織に属する一人ひとりがどこまで伸びていくか、自分をどこまで磨いていくかにかかっています。

一方で、リーダーには、その個人の力をシナジー効果で高めていく努力、組織には、その**一人ひとりを伸ばしていく環境、成長させる仕組みというものが必要**なのです。伸びている組織には、必ずそれがあります。

ヒルトンホテルの「証書」

私は、リッツ・カールトンの前にいくつかのホテルで仕事をしてきました。ヒルトンホテルもそのひとつです。ヒルトンというのは、かつては「ヒルトン学校」といわれたほど、優れたホテルマンを育てる場として知られていました。単なるワークフォース（労働力）をつくっていたのではなく、ヒルトン出身であるという誇りを持ったホテルマンを養成していたのです。

ヒルトンを辞めたときには、次のような「証書」をいただきました。

「あなたが働いてくれたことに我々は感謝し、敬意を表します。もし、あなたが将来もう一度ヒルトンで働きたいと思ったら、いつでも再び採用することを約束します」

感動しました。いまにして思えば、ヒルトンの最高の時期にそこで働けたことに、本当に感謝しています。

一人ひとりの力を増幅させる仕組み

その後、ニューヨークのプラザホテルで働きました。当時プラザは、ウェスティンホテルの傘下にありましたが、一九八〇年代当時、アメリカでもっとも働きたい会社ベスト一〇〇に、IBMなどと並んで入る会社でした。

けっして給料がよかったわけでもありません。ではなぜ働きたい会社ランキングに入っていたのか？

ヒルトン同様、働く人を成長させてくれる仕組みができていたからです（いまは経営母体も変わり、当時とは違うようですが）。

すなわち、一人ひとりの才能を見つけ出し、その才能をもっとも生かせる場所を探して配属し、そこで才能を伸ばしていく、という仕組みです。

いわゆる適材適所を超えて、一人ひとりの力をできうる限り磨き上げることを組織全体で行っていたのです。

一人ひとりの力をどこまで「増幅」させることができるか、それが組織の成長の要であることを熟知し、だからこそ、従業員一人ひとりを成長させることを、組織の「基軸」としていたのです。

これは、口で言うほど容易なことではありません。

日本企業でも、社員一人ひとりの成長が会社の成長であると公言しているところは多いと思います。しかし、海外駐在を終え、英語力も海外人脈も持って帰国した社員を、「リハビリ」と称して地方の営業所に回し、駐在前の状態に戻すことをしている大企業が、いまだにあります。社員の力を増幅させるどころか減損させてしまっているのです。

どちらの組織に「品格」を感じるか、言うまでもないでしょう。

第十三講　トップの思いを組織全体に「共鳴」させる

ぶれない「基軸」が社員の安心・安全を生む

第一章で、品格のある会社には、根っこに「哲学」があると言いました。経営理念と言ってもいいでしょう。それが、提供する商品から社内の人事まで、会社のあらゆる部門、あらゆる活動に、ぶれることなく表れているとき、私たちは、そこに、「基軸」が通っていると感じます。

個人も同様です。品格のある人とは、自分の中に、ひとつの軸をきちんと持っている人です。

だれにでも「基軸」は必要ですが、経営者には特に必要です。経営者の軸が定まっているから、社員は安心して働くことができます。そして、社員にとって安心・安全な会社こそがいい会社ということができます。

売り上げが安定した既得権益を持つ会社という意味ではありません。**ぶれない「基軸」があるから、個々の判断もぶれない。だから、安心していられる**、という意味です。

この「安心」と「安全」は、リーダーが特に意識しなければならない点です。なぜなら、自分のすぐ下のサブリーダーに、安心・安全をさらに下の人たちにきちんと伝えさせる責任があるからです。

子どもは親の言ったとおりではなく、親のするとおりに行動します。社員もまた、トップが言っているようにではなく、やっていることをそのまま行います。

安心・安全もそのように伝わります。

つまり、トップは、会社というピラミッド組織の中で、自分自身の考えている安心・安全のレベルが、低下することなく、下へと順に伝わっていくようにしなければならない、ということです。

組織の「哲学」が「共鳴」を起こす

こうして、トップの思いが組織全体に伝わっているときというのは、いわば「思い」が「共有」されている状態です。

これだけでもじつは、たいへんなことなのですが、さらに一歩進んで、「共感」のレベル、すなわち、トップの思いが組織全体の思いとして、「共感」されている組織は非常に強い。

けれども、私にとってホテル業界における最後の職場となったリッツ・カールトンは、そこにとどまりませんでした。そこには、「共鳴」がありました。リッツ・カールトンには、さまざまな「伝説のサービス」が存在しますが、それらはマニュアルで行うものではなく、社員一人ひとりが自発的に行ってきたものです。

そして、その一つひとつが「クレド」に沿ったもの、それを体現したものでした。すべてが「リッツ・カールトン」でした。

これが、「共鳴」が起きている状態です。

単に「共感」してつながっているのではなく、互いに影響し合いながら、社内に組織の思いが「共鳴」しているのです。

しかしながら、これもまた、組織の中に「安心」があればこそのことです。そして、安心感というのは、トップが社員との約束を守るときに生まれるものです。

哲学と理念に則った経営をするという約束が守られたとき、それは社員に、「共鳴」という形で伝わっていくのです。

第十四講

多様な価値観の化合から、新しいものを生み出す組織が強い

前の講で、ひとつの「思い」を、「共有」「共感」し、そして、「共鳴」を起こしている組織は強い、というお話をしました。

しかしながら、そういう組織を手っ取り早くつくろうとして、トップが、自分に似た考えの人、自分の感性に合った人だけを選んだら、つまり周囲にイエスマンだけを集めたとしたら、どうでしょう？

たしかに快適かもしれません。同じような価値観の人ばかりで集まれば、それ

は楽で心地よいでしょう。けれども、同じ理念を共有して共感しながらも、個として生きる価値観には違いがあるのは当然のことです。

類似性ではなく相違性、つまり**多様性こそが、組織を磨き、強くしていきます。**


「混合」と「化合」


物質を混ぜる方法は大きく二つに分けられます。「混合」と「化合」です。

物事もそうです。物事を混合させていくのと化合させていくのでは、生じる価値が違います。組織論で考えるとき、その違いはさらに大きくなります。

混合するときに排除されていくものは何か？　多様性です。

化合するときに歓迎されるものは何か？　多様性です。

「私が大事にしているのはこういうことです、会社が大事にしたいものはこれですね、そのなかで私はこういうことをやってみたいのですが、いいですか?」「社長の考え方、価値観に、ものすごく惹かれます。そのなかで自分はこういう資格を取ってやってみたいと考えているのですが、それは許されますか?」

新しいものは、このような議論が起こる会社から生まれます。

混合からは基本、新しいものは生まれません。ABCDEF……バラバラです。これでは組織が成り立たないので、AならAに統一してしまえ、となるわけです。

これに対し、化合の場合は、ABCDEF……さまざまな価値観のなかから、最終的にはXが生まれる可能性があります。

トップの自信が化合的な組織をつくる

化合的な組織をつくるうえで重要なのは、トップがリーダーシップを発揮するということです。

ここでいうリーダーシップとは、「**多様性を受け入れ、変化を恐れない、トップとしての覚悟**」を指します。リーダーシップが弱かったり、ぶれていたり、自信を持てないでいたりすると、難しい。

覚悟が定まっていないトップ、すなわち自分の「基軸」を持っていないトップは、化合的な組織をつくることを恐れ、嫌うものです。その結果、混合的組織の中で、いまの路線を守り進むことを選択します。

けれども、いま求められている組織のかたちというのは、業種業態を問わず、まったく新しい次元にあるもののはずです。その構築には、女性活用などに矮小化されることのない文字どおりの多様性、すなわち、障がいの有無、LGBT、そして外国人などを視野に入れた化合的な組織づくりが必要なのです。

すなわちグローバルな視点から見た品格も問われる時代になっているのです。


私の生まれた戸隠の近くの白馬村。昔は国内のスキー客で賑わったところですが、現在、十月から三月まで日本人スキーヤーの姿はほとんど見かけません。オーストラリア人とニュージーランド人、シンガポール人ばかりです。さらに、奥まった湯田中の温泉地に行くと、温泉に浸かるニホンザルを観に来た中国人と韓国人、欧米人で賑わっています。

これに対して、ホテルや旅館で働く人たちが、働く環境のそうした変化に、「あっ、また変化が起きている。嫌だなあ、うちの組織もまた変わっていきそうだ」というのでは、やはりつらいものがあるでしょう。

けれども、これからはもっと積極的に外国のお客さまに楽しんでいただけるよう変革していこうと、社員たちも変化をつくり出す側にいる組織の場合はどうでしょう?

働く楽しみや喜びが生まれるのではないでしょうか。

変化に対応するだけではなく、自分から主体的に変化をつくり出していく、そういう組織では、多様な社員が化合的に結びついているものです。

第十五講　組織の「哲学」が会社を変える

長野に、中央タクシーという会社があります。京都のＭＫタクシーと並んで評価される、業界では知らない人のいない優れたタクシー会社です。

その中央タクシーですが、長野駅前のタクシーロータリーではまず見つけることができません。さまざまなタクシー会社の車が、常時数十台も並んでいるというのに、です。

理由は簡単です。一度中央タクシーを利用したお客さまは、次に必ず中央タクシーを呼ぼうとします。だから、稼働率九十九％。駅前に並んでいる暇などないのです。

駅前でさんざん並んだ末、乗ってきたお客さまがワンメーターだったりすると、明らかにぶすっとしているドライバーによく出会いますが、中央タクシーには、そういうドライバーはひとりもいません。

一人ひとりが社長の視点で、サービスを考えている、お客さまにどうしたら喜んでいただけるかをつねに考えている。

まさに、**組織の中に流れている**「**哲学**」「**使命**」が、**全員に伝わり、**「**共鳴**」し、**一人ひとりの働き方に表れている**のです。

すなわち、哲学が社内外で用いる言葉、行動、習慣を決定しているのです。だから、稼働率九十九％なのです。

テメー、このヤロー、バカヤローが飛び交っていた会社

いまの中央タクシーの「哲学」を確立させたのは、現会長である宇都宮恒久さんです。創業者である父親のあとを継いだのは二十代のとき。その圧倒的な指導力と創造力で、会社を盛り立ててきました。

しかし、引き継いだ当初は、相当に荒れた会社だったそうです。

運転手は、ステテコとランニングで出社して、そのまま乗車して出かけてしまう。お昼は車の中で食べるから、ひどいにおいが車中に充満します。車は、お客さまを運ぶ大切なリビングルームだなんて発想はもとよりないわけです。「家に着いたら払う」と言うお客さまを無賃乗車と決めつけて、会社の敷地に連れ込み、ホースで水をかける、などということもあったそうです。

職場はといえば、朝の挨拶もなく、出社するなり、テメー、このヤロー、バカ

ヤローの言葉が飛び交う。たまに「おはようございます」なんて言うのは入ったばかりの新人で、かれらも三日もすると表情がなくなり、四日後には社長の顔を見なくなり、二週間後には、いっしょになって、テメー、このヤロー、バカヤローが口癖になっている。そんな会社だったそうです。

「こんな会社、世の中から消えたほうがいい」

宇都宮会長は、何度もそう考えたそうです。

では、そんな会社をいかにして変えていったか?

若い社員の表情が暗く変わっていくのを、心を痛めながら見ていた宇都宮さんは一大決心をします。

「社員が幸せを感じる会社にしよう」

それから、毎日、すべての社員たちに語りかけはじめました。

「俺はこの会社をいい会社にしたい。みんなが幸せに働ける会社にしたい。社員が誇りを持って働ける会社にしたい」

耳を傾ける古参社員はいませんでした。でも、あきらめずに語りかけているうちに、若手の社員が少しずつ変わりはじめました。

すると、それを見た古参社員のひとりが、宇都宮さんの目の前で長い靴ベラを叩き割って、喉元に突きつけてきたそうです。

「社長だかなんだか知らねえが、若造が余計なことをするな！」

宇都宮さんは一歩も引かずに、静かに返しました。

「俺はみんなが幸せに誇りを持って働ける会社にしたいだけなんだ」

数分、睨み合ったあと、古参社員は靴ベラを投げ捨てて出て行き、二度と帰って来なかったそうです。次の日にはかれの仲間の古参社員が、揃って会社を去っていきました。

若手社員の表情が上向きに、明るく変わりはじめたのは、その後だったといいます。

いまでは、「お客さまの人生を命がけでお守りする」という理念、哲学のもと、全社員が生き生きと働く素晴らしい組織に生まれ変わっています。

そして三代目社長、宇都宮司さんに引き継がれた中央タクシーは、その若々しい感性と指導力で、新たなステージに立っているのです。

同じ理念を持つ会社との切磋琢磨

この講の最初に書きましたように、現在、中央タクシーはその卓越したサービスとおもてなし力で、京都のMKタクシーと並び称されるタクシー会社となっています。そして、両社の経営陣は非常に仲がいい。互いに社員を派遣し合って研修を行ったりするほどの仲です。と同時に、よきライバルとして、お互いに切磋琢磨しています。

「向こうには到底敵わない。うちはまだまだです」

双方、あくまで謙虚な姿勢を崩しません。互いのすごさがわかるからです。互いに尊敬し合っているからです。

かくして、この二社とほかのタクシー会社との差はますます開く一方なのです。

第十六講

大事なのは、「哲学」が確固として存在すること

現在、リッツ・カールトンは、マリオットという、世界七十ヵ国で四千軒を超すホテルを運営する巨大企業の傘下にあります。それに伴い、マリオットの人材が続々リッツ・カールトンにも入ってきています。その結果、経営の「哲学」も変わりつつあります。一九八〇年代の創業当初を知る昔からのお客さまのなかには、それを寂しく思われる方もいらっしゃるかもしれません。

けれども、わずか九十数軒のリッツ・カールトンと約四千軒のマリオットが同じ哲学で経営できるはずがありません。マリオットには、四千軒を世界展開させて、何十万人もの社員に給料を払い、お客さまに快適性をお届けする経営哲学が

あるのです。どちらの哲学がより優れているかというような問題ではありません。どちらにも**確固とした「哲学」があり、それを組織に浸透させる仕組みがある、ということこそが大事**なのです。

学ぶべきは、具体的事柄ではなく、在り方

リッツ・カールトンから学べ、とさまざまな業界の方々が、その哲学を勉強にいらしてくださいました。けれども、ここで強調しておきたいのは、リッツ・カールトンの哲学をそのまま真似しても、それぞれの方の会社がよくなるわけではない、ということです。

リッツ・カールトンのクレドを使っても、リッツ・カールトンのような会社になるわけではないし、なる必要もないでしょう。

真似すべきは、確固とした自社の「哲学」を持つ、ということです。

哲学という基軸を組織の真ん中に置く、という在り方そのものなのです。

繰り返しお話ししたように、人は、哲学どおりの言葉を使い、哲学どおりの行動をします。もし、哲学という基軸がしっかりしていなかったら、社員はバラバラの言葉を用い、バラバラの行動をします。そのとき、組織は少しずつ弱体化していきます。あるいはいずれ崩壊する運命を辿ります。

もう一度、繰り返します。

重要なのは、トップの強い思いを組織の「哲学」としてすべての社員に明確に示すことです。それを組織の基軸とすることです。

そして、**組織の中に共感と共鳴を起こすために、その哲学を語る時間と情熱を惜しまないこと。**

そういうリーダーが率いる組織に、私たちは「品格」を感じるのです。

第十七講　日本の組織に日本人の品格を思う

この章の最後に、日本の組織の品格について私の考えるところを少しお話ししたいと思います。

日本の工場とドイツの工場に見た違いとは?

福岡県の八幡に本社を置く大正時代から続くメーカーに、安川電機という会社があります。産業用ロボットの生産台数で世界一位を誇り、サーボモーターやインバーターでも世界首位です。

そこを訪れると、日本の未来は、けっして人間とロボットが共存できない社会ではないな、と思えてきます。と同時に、「日本人の品格」というものを感じます。それはたとえば、ロボット工場で案内してくれる社員のみなさんの様子からもわかります。まるで、自分の家族か子どもを語るように、自社の製品、つまりロボットのことを語ってくれるのです。

工場全体が温かい空気に包まれていて、それはまさに、つくったものに魂を込める組織の哲学が会社の隅々、現場の隅々まで流れている姿そのものです。人と機械の究極の調和を感じるのです。

と同時に、それは、私たちにも共通する日本人の哲学であるとも気づかされました。以前、見学させてもらったことのあるフォルクス・ワーゲンの本社の工場とはまるで対照的であったことを思い出したからです。

そこで感じたのは、機械は機械、人間は人間、という非常に明確な棲み分けでした。そして人間は機械を支配しコントロールする存在である。機械は人間にとって便利で優れた道具であるという関係でした。そこには調和ではなく、対立が見えていました。そのことが良いとか悪いとかではなく、なにかすっきりとしない違和感を覚えたものです。

それは、おそらく私が日本人だからだと、安川電機のロボット工場を見学させていただいたときに思い至りました。道具に魂を込める、つくったものに魂を込める。あらゆるものに人格のようなものを認めていく、そうした優しい視線こそが、日本人の品格なのではないかと感じました。

けれども、私自身は、はたしてそういう視点を、ふだんの仕事のなかで持てているのだろうか？ そう振り返ったとき、その日本人の品格を会社の哲学として社内に徹底させている組織の品格に、敬服せずにはいられないのです。

第三章

リーダーの品格

第十八講　リーダーの指導力とは、勇気を与えること

リーダーの役割、持つべき資質とは、何でしょうか？

最初に頭に浮かぶのは、「指導力」です。リーダーの品格について考えるにあたって、まずは、リッツ・カールトンの二代目社長サイモン・クーパー氏に教えられたリーダーの指導力についてお話ししたいと思います。

摂氏九十九度と百度の大きな違い

それは、リーマン・ショックの二ヵ月後のことでした。当時の世界中のリッツ・カールトンの支社長はじめキーパーソン四十七名が、フロリダのホテルに召

集されました。

日本支社はこれで閉鎖だろう、フランクフルト・オフィスもしばらく閉鎖に違いない……一同、覚悟のうえの暗い表情での参加でした。


リーマン・ショック直後から、リッツ・カールトンは、主要なグローバル・パートナー、すなわち大手法人顧客の多くを失っていました。

じつは当のリーマン・ブラザースも大手顧客の一社でした。世界各地のリッツ・カールトンで五百人から千人規模のコンベンションが数年先まで入っていました。日本円にして何億円というその予約が、たった一晩ですべて消えたのです。

フォードやGEなどは、契約ホテルをホリデイ・インに替えました。リッツ・カールトンのような贅沢なホテルを使っている場合ではないという、社内外の風潮を考慮してのことです。

そんな状況下での召集です。私たちのだれもが陰鬱な面持ちでフロリダに集まったのは、当然でした。

出席するにあたって、それぞれ自分の管轄するマーケットの見通し、そこで自分がリーダーとしてできること、したいことを、レポートにまとめてくるように言われました。

その内容次第で支社は閉鎖となるのだろうと、覚悟していました。

会議初日、にこりともせずに座っている我々の前に現れたクーパー社長は、君たちが考えていることはわかっているよ、とでも言いたげににやりとしたあと、開口一番言いました。

――みなも知っているとおり、とんでもない時代になってしまった。

そして、続けます。

――まさかこんなことが起きるとは、だれも想像していなかっただろう。もちろん、私もだ。厳しい試練だが、こういう時代を体験できるのは、むしろ貴重なことかもしれない。私は、いろいろな船乗りを知っているが、穏やかな海で優秀な船乗りが育つのを見たことがない。みな、荒波を乗り越えてきている。嵐を乗り切ってきている。そのなかで、腕を磨いてきている。

私たちの目をしっかりと見据えながら、そういう話を静かに続けていきます。いつまで経っても売り上げやコストカットなどの数字の話が出てこない。それから、リッツ・カールトンのリーダー研修で必ず聞かされる話に入っていきます。摂氏九十九度と百度の違いについての話です。

――水を熱していくと、だんだん温度が上がり、やがて九十九度になる。手を入れたら大やけどをする熱湯ではあるが、液体であることに変わりはない。ところが、これが百度に達すると——沸騰する。沸騰した水は蒸気になって、蒸気機関車をも動かす力となる。
九十九度と百度、たった一度の違いなのに、その力、働きはまったく違う。そして、我々にとって、その一度の違いを生み出す働き方を考えるのに、いまほどいいときはない。

うつむき加減だった私たちの顔は次第に上がり、頬が上気してきます。クーパー社長はさらに続けます。

——おそらく来年の我々のビジネスは前年比六十%減、あるいは、もっと厳しいものになるかもしれない。だからこそ、我々自身を磨くこれ以上の好機はない。

順調な業績のなかで、知らず知らずのうちにブランドに頼っておろそかにしてきたことがあるはずだ。お客さまとの信頼構築はどうか。知識とスキルは磨かれているか。

来年一年は、どうあがいても六十%減以上に伸ばすことはできない。だったらその間に、これまで忙しくてできなかったことをやろう。一人ひとりが摂氏百度で仕事をするための処方箋を書こうではないか。

閉鎖するオフィスはないのか、と一同に安堵のため息がこぼれます。そこですかさずクーパー社長が、釘を刺します。

――ここにいるレディス&ジェントルマンのなかで、自分はこれまでもずっと百度の仕事をしてきたと自信がある人だけ立ち上がってくれ。

だれも立てません。

――そうか。でも、少なくとも何回かはあるはずだ、摂氏百度で仕事をしたと思える瞬間が。そのときのことを思い出して、午後は、それについてグループでディスカッションしてほしい。

勇気を与える力

いまにして思えば、これこそが圧倒的とも思えるリーダーの品格を感じた瞬間でした。クーパー社長の指導力、人間力そのものでした。そして、これこそが、リーダーの持つべき最大の資質であると確信しました。

すなわち、「**周りに勇気を与える力**」です。

実際、あのときほど、自分の中に力が湧いてくるのを感じたことはありません。勇気が湧いてくるのを感じたことはありません。

絶対にこの状況を打破しよう、立ち向かおうという勇気です。

このチームとなら一丸となって、成し遂げることができるという勇気です。


人の気持ちをA点からB点まで導いていくこと、それが指導力です。そして人の気持ちも組織も、動かすものではなく動くものです。

では、どうすれば人は動くのか?

お金や権力を使って、操作する?

そんなことで、本当には人の気持ちは動きません。

では、何で動くのか?


勇気づけられること以外に何があるでしょうか。

あれから何年も経ち、互いの立場も変わりました。しかし、あのとき私はたしかにクーパー氏から大きな勇気をいただいたのです。それは決して消えることなく、かれが示してくれたリーダーの在り方、品格とともに、いまでも心のなかで色鮮やかに生き続けています。

いまでもかれは私のもっとも尊敬する人物のひとりです。

第十九講

怖さと向き合う勇気と、部下に勇気を与える力

リッツ・カールトンの創業者、ホルスト・シュルツィ氏もまた、人間的な魅力にあふれた圧倒的なリーダーでした。仕事のプロとして私が身につけてきた哲学は、ほとんどがかれからの学びだと言っても過言ではありません。

リーダーの孤独と勇気

かれはつねに、リーダーに必要な資質とは、**愛と勇気とパッション**であると言っていました。そこで、あるときかれに尋ねました。その三つのなかでもっとも

意識すべきものがあるとしたら、それは何ですか？　と。きっとパッションと答えるものと思っていました。けれども、かれの答えは違っていました。

Courage——勇気だというのです。

実際、「勇気」というのは、リッツ・カールトンで仕事をしていくうえでのキーワードでした。

勇気を持って物事に向かっていくこと。

しかし、これがなかなか、できそうでできません。

特にリーダーになっていけばいくほど、やってくるのは、「孤独」です。相談する相手がどんどん減っていきます。部下はどんどん増えていきます。責任もどんどん増えていきます。正直、怖いものです。そういう**怖さと向き合っていく勇**

気、それがリーダーには不可欠なのです。

どんなとき、人は勇気づけられるのか?

同時に、前講で紹介したクーパー氏のように、リーダーは、スタッフを勇気づけなければなりません。リーダーがやるべきことをひとつだけ挙げるとしたら、自分のスタッフを勇気づけることです。

では、人はどんなときに、勇気づけられるのか?

それは、自分の力を認められたときです。自分の存在を認められた瞬間です。自分がやっていることが相手にきちんと伝わって、それが評価された瞬間です。それは大きな喜びとなります。でもただ喜びには終わらない。

勇気が湧いてくるのです。そして、この会社で頑張ろう、この人のためにもう少し力を出してみようと、強く思うのです。

グループとチームの違い

そして、そういうスタッフが集まると、チームが生まれます。グループではありません。チームです。チームとグループの違いは何か？

グループでは、十人からは最大十の力しか出ません。一方、チームだと、十人で十五の力にすることができるのです。

リオ・オリンピックの男子四百メートルリレーを覚えているでしょうか。一人ひとりの記録は他の国の選手に負けています。しかし四人の力がチームとなったとき、それを上回る力を発揮したのです。

社員の一人ひとりが最高の力を発揮するとき、会社は伸びます。思いもかけないほどの飛躍を見せます。

では、**人はどういうときに自身の最高の力を発揮するのでしょうか。**

それは、勇気が湧いてきたときです。

だからこそ、リーダーには、勇気を与える力が必要なのです。

そして、そのためには、だれよりもまずリーダー自身が、スタッフに対する責任をきちんと全うできるだけの勇気を持たなければならないのです。

第二十講　リーダーがやるべきたったひとつのこと

本当にチームのメンバーの力を発揮させることができているか、チームワークがつくれているか。それは、私自身にとってもつねに課題でした。

リッツ・カールトンに移籍して五年が経ち、ホノルルオフィスの開業で忙しい日々を過ごしていたある日のこと。当時社長だったシュルツィ氏に言われました。大阪に新しくリッツ・カールトンを開業することになった。それも見据えて日本支社を立ち上げるように、と。

キャリアのほとんどをアメリカで過ごし、アメリカでの永住も考えていた私には、思いもかけないことでした。それも、リッツ・カールトンのブランドを背負っての大阪です。

失敗したらどうしよう、スタッフが思ったとおりに育たなかったらどうしよう、自分の想いが伝わらなかったらどうしよう……責任とブランドの重さに、押し潰されそうになりました。

つねに五百回は伝える

そこで、とうとうアトランタ本社(当時)にシュルツィ社長を訪ね、十分だけ話を聞いてほしいと申し出ました。

結果、一時間以上時間をとってくれました。カフェテリアで、かれがいれてくれたコーヒーを飲みながら。そして、シュルツィ氏はこう言ったのです。

おまえが大阪でやらなければいけないことはただひとつ、自分の大事なスタッフに勇気を与えることだ。そして、思いや理念を伝えるのに、最低五百回は語り続けることだ、と。

英語で苦労したシュルツィ氏は、つねに五百回を基準に伝える努力をしてきたというのです。

この人にしてこの努力。自分はまだ何もやっていないのに、不安ばかりを口にする。すべてはこれからではないか。

かれと話しながら、自然と不安が消えていくのを感じました。もちろん完全に消え失せたわけではありません。しかし、この仕事をやれることがどれほど幸せなことか！　自分の中に勇気が湧いてくるのを感じました。

成功する人と失敗する人の紙一重の違い

私たちに勇気が必要なのは、失敗を恐れる気持ちがあるからです。

では、そもそも失敗とは何でしょう？

それは、あともう一歩でできる、ということに気づかないまま、その手前でやめてしまうことです。**あとちょっと頑張ればできるのに、それがわからない。それに気づかずにやめてしまう。その瞬間を失敗といいます。**

「言うは易く行うは難し」で、じつに多くの人が、あともう少しで頂上が見えるというのにあきらめてしまう。ここまで来たんだから、自分を褒めてやればいいと、そこにとどまります。

すなわち、成功する人と成功に到らない人の違いは、ほんのわずかです。

あと一歩頑張ればできるところにいることを見極める力があるかないかです。

もしも自分のスタッフにそれに気づく力がないとしたら、リーダーはどうすればいいのか。

そうです、リーダーがそのことに気づき、勇気づける必要があるのです。

だから、リーダーのやるべきことは、ただひとつ、大事なスタッフを勇気づけること、だったのです。

第二十一講

優秀なリーダーを目指しますか？
優秀な部下を輩出するリーダーを目指しますか？

リーダーの役割の二つめの要素として挙げるのは、「創意工夫」です。

およそリーダーとなる方は、創意工夫に抜きん出ていらっしゃるものと思います。そして、さまざまなところで、それを発揮しなければならない立場にあります。商材開発において。営業戦略において。組織づくりにおいて……十や二十はすぐに出てくるはずです。

問題は、それを発揮する領域の優先順位です。

いちばんのエネルギーをどこへ持っていくべきか？

リーダーとして、いちばんにベクトルを向けるべき、圧倒的に重要な創意工夫の領域とは？


いろいろな考えがあるでしょう。でも私は、それは、**スタッフ一人ひとりの可能性を引き出し伸ばしてやる**点においてだと思っています。

あくまでも私個人の考えですので、必ずそうでなければならないということではありません。でも私はこれまで、一人ひとりの可能性に気づき、伸ばしていくことこそが、リーダーが最重要事項として、己の創意工夫の能力を傾けるべきことだと思ってまいりました。

優秀なリーダーと優秀な部下を輩出するリーダー

たとえば、二人のリーダーと食事をしたとします。

最初のリーダーと話していると、彼（彼女）はなんて頭のいいリーダーだろう、こんな優秀なリーダーはいないと感服します。とにかく発想力が素晴らしい。そのリーダーの指示にはすべて従うしかないと思わせてしまう力を持っています。

もう一方のリーダーはというと、話をすればするほど、自分がすごく頭がよくなった気がする、なんだか自分は優秀な人間になった気がする、そんな気分にさせられてしまうのです。

これは、よく知られたショートストーリーですが、まさに私たちの周りにいるリーダー像を示しているとは思いませんか？

リーダーが優秀でなければならないのは当然のことです。しかし、最初のリーダーの場合、そのもとで働いているスタッフには、つねに指示を待つ習慣が身についてしまうでしょう。私たちが目指すべきは、二番目のリーダーです。

つまり、自分自身の優秀さという気配を消して、大切なスタッフの隠れた資質を引き出すことが、リーダーの役割だということです。

スタッフ本人すらも気づいていない資質を見出し、伸ばしていくことがリーダーの務めなのです。

リーダーが目指すべき在り方とは、あの人は優秀なリーダーだった、ではなく、あの人のもとから多くの優秀な人材が育っていった、と記憶されることだと思います。

リーダーが創意工夫すべき対象

とはいえ、何千人もいる社員それぞれの可能性に気づくことは、物理的に難しい。シュルツィ氏でもクーパー氏でも、そこまではできなかったと思います。だからこそ、まずは自分の分身のようなリーダーを育てることが重要になってきます。

つまり、自分と同じエネルギーレベルで哲学を語るスタッフ、相手の心の中に入っていけるスタッフ、摂氏百度で相手を動かしていけるスタッフです。

そのようなスタッフを育てることにこそ、リーダーは、その創意工夫の力を最優先に傾けていくべきだと思います。

すると、どういうことが起こるのか？

スタッフの一人ひとりが、会社の利益について考えるようになります。

売り上げではありません。利益です。
数字でもありません。利益です。

シュルツィ氏もクーパー氏も、第一章でご紹介した伊那食品工業の塚越会長も、一切数字の話はしませんでした。

では、会社の利益とは何なのでしょうか？

会社の利益は、どこから生まれるか？

それにはまず、**会社が世の中に生み出す価値**を知らなくてはなりません。自社の価値が浸透されていけば必ず、自分たちのもとにお客さまが戻ってくる。それが売り上げとなり、そこから必要経費を省いた残りが利益となる。そのことに、スタッフの一人ひとりが気づくようになる、ということです。

つまり、社員一人ひとりの中に、自分たちを支えてくれているのはお客さまであること。そして、そのお客さまと向き合っているのはまさに自分たち自身であること。

したがって、**自分とお客さまとの人間関係の中にこそ、利益につながる大切なものがある**という気づきが生まれてくるとき、一人ひとりの社員が、それぞれの可能性を発揮していくようになるのです。

第二十二講

お客さまとの間に、スタッフとの間に、「迷いのない信頼関係」を築いていますか？

前講で、現場の一人ひとりのスタッフとお客さまとの人間関係の中にこそ、利益につながる大切なものがあると述べました。

では、大切なものとは何でしょうか？

そのことをお話しする前に、春日大社で長く宮司を務めていらした岡本彰夫さんのご本の中にあった、興味深いエピソードを紹介させてください。

「諸国客衆繁盛」と「商売繁盛」の大きな違い

神社にはよく石灯籠が奉納されますが、昭和半ばまでのそれには、「諸国客衆繁盛」という文字が刻まれていたそうです。それが、昭和の中頃から、「商売繁盛」という文字に変わっていったといいます。

この二つは、似て非なるもの。まったく意味が違います。「諸国客衆繁盛」には、日本中にいらっしゃる私たちのお客さまが繁盛遊ばされますように、という祈りが込められています。しかし、「商売繁盛」という言葉に表れているのは、うちの会社が儲かりますように、うちにお客さまがたくさんいらっしゃいますようにという願望にすぎません。

岡本さんは、これを「覚悟」の違いだとおっしゃいます。

昔の人の覚悟とは、神様に捧げる石灯籠においてすら、自分たちのお客さまの繁栄をまず考えることでした。それが自分たちの繁栄にとってももっとも重要なことであるのをよく知っていたのでしょう。そういう長い日本の商売の歴史のなかに、日本の繁栄がありました。

そして、それは日本が誇る世界に類のない商売観だと思います。日本は二百年、三百年、五百年という長い伝統のある会社が、ふつうに存在する世界でも稀に見る国です。なぜそれが可能だったかと言えば、「諸国客衆繁盛」という思想、精神が支えていたからでしょう。

立場が変われば、互いが互いのお客さまです。互いに双方の繁栄を祈り、足を引っ張り合うなどということはありませんでした。みなが、神様に褒められる、天に恥じない仕事をしようとしていたからです。

考えてみればすごいことです。それが、昭和も後半になり、バブルを迎え、バブルが弾け、消えてしまいつつあるのは残念なことです。

シュルツィ氏が示した圧倒的な「信頼」

スタッフとお客さまの人間関係の中にある大切なものとは、この**お客さまの繁栄を祈る利他の精神**です。

そして、それを感じてお客さまが抱く、そのスタッフへの「信頼」です。

そして、スタッフのリーダーに対する「信頼」。

リーダーのスタッフに対する圧倒的な「信頼」。

迷いのない「信頼」。

信頼関係こそが、業種を問わず、すべての商売の基本です。

と同時に、すべての人間関係の基本です。

リッツ・カールトンの創業者、シュルツィ氏は、社長時代、二万七千人の社員の全員に、一日二千ドルの決済権、つまり個人の判断で、お客さまへのサービスのために使う経費を認めました。

結果的には、滅多に使われなかったのですが、もし全員が毎日、無駄に使いはじめたら……。そう思うと、並大抵の覚悟でできることではありません。でも、かれはそうやって、スタッフに対する迷いのない信頼を示したのです。

その結果、**社員たちはその信頼を、お客さまへの信頼に、そしてお客さまからの自分に対する信頼を会社への信頼へと、結びつけていったのです。**

第二十三講

リーダーが手放してはいけないただひとつのもの

リーダーの能力は、スタッフ一人ひとりの可能性、すなわち、「創意工夫」の力を引き出すことにこそ、もっとも優先して使われるべきだというお話をしました。

では、具体的にはそれはどのように達成されるのでしょうか？

どのように引き出していったらいいのでしょうか？

日本の大手製造企業にもあった掃除ロボットのアイデア

アップルのｉＰｏｄ、それに続くｉＰｈｏｎｅは、世界中の人々のライフスタイルを大きく変えた革命的な発明と言っていいでしょう。かつてSONYのウォークマンがそうであったように。

そして、アップルがiPodを発表する前に、そのSONYでも同様の企画があったこと、しかしそれが実を結ばなかったことも、みなさん、よくご存じかもしれません。ウォークマンの成功体験があまりに大きかったからでしょうか。


それでは、あの円形のお掃除ロボット、ルンバが日本にやってくる数年前に、同様の企画が、日本の某メーカーにもあったことはご存じですか?

最終企画会議でこんな議論がなされていたといいます。

「もし、そのおかしな掃除ロボットが仏壇にぶつかってみろ。ろうそくが倒れるだろう。その結果、火事にでもなったら、だれが責任をとるんだ? さらに、そのお掃除ロボットやらが二階の階段から転がり落ちて、下にいた子どもにケガでもさせたら、責任はだれがとるんだ?」

そんな、さまざまな理由で、その企画が日の目を見ることはありませんでした。

これらに限らず、ひょっとしたら会社を大いに助けることになったかもしれない多くの新しい企画が世に出ないまま消えていきます。

それらは、いまはまだ世の中にない製品だからです。まだ世の中にないわけだから、需要があるかどうかわからない、どういうリスクがあるかわからない。要するに、儲かるかどうかわからないからです。

儲からなかったら、だれが責任をとるのか? リスクに対してはだれが責任をとるのか? つまるところ、責任を受け止めるリーダーがいないとき、新企画は間違いなく潰れます。

だから私は、たびたび提案します。いっそ、「儲けないための」企画を考えたらどうですか？　と。

発想を変えるのです。

「儲からない」のではなく「儲けない」という発想への転換。

儲けず、かつ、世の中の役に立って感謝される企画。

最初から日本中の人すべてに感謝されようとしなくてもいい。十人でもいい。たとえ十人でも昨日より今日が幸せになるとしたら。それが百人になるとしたら。千人になるとしたら……。

リーダーが最終責任をとる覚悟さえあれば

つまり、自分たちは、何のために、だれのために仕事をしているのか、ということです。そこが明確になったとき、だれもが生き生きと働きはじめます。自由闊達に発想しはじめます。現場の人たちの「創意工夫」のアンテナが伸び伸びと立ってきます。
すると、不思議なことに（当然かもしれませんが）、会社の「利益」につながっていくのです。

そのときリーダーに重要なのは、やはり「覚悟」でしょう。
英語でコミットメントといいます。

スタッフを信頼し、そして、最終責任をとる覚悟。

私は、売り上げ目標などを全員で共有するという昨今の風潮は、要するにリーダーが自分ひとりで抱え込むのが怖いから連帯責任にしようと言っているにすぎないと思っています。そこから、自由な発想が出てくるわけがありません。

もし現場に「創意工夫」を期待するとしたら、リーダーは口出しなどをしてはいけません。ただひとつを残して、すべての権利を手放すのです。

何を残すのか？

いうまでもなく、最終責任です。

第二十四講　リーダーの揺るぎない自信を支えるもの

　リーダーがなすべきもっとも重要なこと、それはスタッフに勇気を与えること、そして、かれらへの信頼に基づき、最終責任をとる覚悟を持つことだというお話をしてきました。
　では、リーダーのこの揺るぎない自信は、いったいどこからくるのでしょうか？　どうすればそうした自信を持つことができるのでしょうか？

自分が世の中に生み出す価値についての揺るぎない自信

　ひとつ言えることは、実績を挙げている会社のトップは、社員に多くを委ねつつも、本業のコアの部分ではだれにも負けない力――**世の中に価値を提供し続ける力を持っている**ということです。

ふだんはその気配を消していても、存在感は隠せないのです。ちょうど時速二百キロで走る力があるポルシェが、六十キロで走っているような余裕というか迫力。それがときとして、その実力を存分に見せつける瞬間があるものです。

たとえば、第一章でご紹介した伊那食品工業の塚越会長は、研究者としても超一流です。世界の各地から送られてきた海藻を前に、それらがどこからきたものか、一目でわかるそうです。寒天をつくる際の配合のしかたについても、スタッフが実験を通じて決定した割合は、塚越会長が勘で最初に言ったものと完璧に一致するそうです。

あるいは、望月院長が率いる川越胃腸病院。日本経営品質賞を受賞した最初の病院として、そのホスピタリティの高さはあまりにも有名ですが、望月院長のすごさは、その人格の高さと病院経営の手腕もさることながら、同時に、メスを執ったら日本でも有数の名医でもあるということです。そのことは手術に立ち会う看護師のみなさんの言葉によって証明されています。

いわく「院長が執刀されるときは、出血がほとんどないのです。毎回輸血の準備はするのですが、滅多に使うことはありません」

毎日のように何時間という難しい手術をこなす一方で、さらに午前中は四十人の内視鏡検査。私も胃カメラの検査を受けましたが、麻酔なしで痛みもなくほんの数分で終わりました。

こうしたコアの部分での揺るぎない自信と実績があればこそ、患者からも、またスタッフからも圧倒的な信頼を得ることができるのでしょう。

そんな望月院長から、スタッフたちも自分はなぜこの仕事をしているのか、どのような働き方、生き方をするべきなのかという、在り方そのものを学ぶことができるのです。

さらに付け加えれば「哲学」です。圧倒的な医療技術とそれを支える温かなホスピタリティの融合。基軸となっているのは、「患者さま一人ひとりの命を最後まで輝かせる」という哲学です。

それがあるからこそ、スタッフをもまた勇気づけ続けることができるのではないでしょうか。

第二十五講

あなたの人生の幅は何キロメートルですか?

これまで、リッツ・カールトンのシュルツィ氏やクーパー氏に限らず、じつに多くの方々から学び、新しい視点をいただいてきました。みな、私の大切な「師匠」です。私にとって「師匠」とは、さまざまなライフステージにおいて、自分になかった視点をもたらしてくれる人を指します。

もちろん、日本人のなかにも、たくさんの「師匠」がいます。ユニバーサルデザイン・コンサルティングのミライロという会社の垣内さんもそのひとりです。垣内さんは私が師匠とお呼びするのを遠慮されますが、師匠なのですからしかたありません。

車いすの二十三歳の「師匠」

はじめてお目にかかったとき、垣内さんは、起業から三年の二十三歳でした。そのときからいまに至るまで、お会いするたびに、かれは、私にない視点を次々に示してくれます。

垣内さんは、生まれつき骨形成不全症という病気の、いわゆる障がい者です。このことについて、かれは、自身の会社のウェブサイトで次のように語っています。

――ミライロでは、「バリアバリュー」という理念を掲げています。バリア（障がい）をバリュー（価値）に変えていこうという思いを表しています。

私の夢は「歩く」ことでした。しかし、足で歩くという夢は叶いませんでした。これからも、私は死ぬまで歩きたいと思い、願い続けることでしょう。

歩くという夢への路が途絶え、私は、「歩けなくてもできること」を探し続けてきました。しかし、106センチの視点だから気づけること、車いすの私だから伝えられることがありました。私は、歩けないからできることを見つけることができました。

垣内さんは言います。

——人生の長さはどうやら神様が決めるらしい。だから僕には、**人生の長さを変えることはできない。けれども、人生を生きる幅を変えることはいくらでもできる。**一キロの幅で生きる人もいれば、十キロの幅で生きる人もいる。

私から見ても、垣内さんは百キロ以上の幅で生きていると感じます。病院に通い、手術を繰り返し、車いすの生活を送りながらも、百キロメートルの幅で生きているのです。

人生の幅を拡げる

かれのこの「言葉」に出会ったとき、それまで漠然と、できるだけ多くの人と会い、多くのことを行い、多くの経験を積もうと思っていた私に、ひとつの指針がもたらされました。時間の使い方が変わりました。

たとえば、私は基本的にノーと言わない、言えないタイプだったのですが、自分の人生の幅を拡げるという軸で見たときに、自分は何をやらないかを決めることができるようになりました。

たとえば、いま学ぶべきことは何かと考え、それが三つあるとした場合、そのときの自分の時間、財力のなかで優先させるものを明確に選択することができるようになりました。

ニューヨーク在住のフランシス・ヘッセルバイン女史に会うためだけに、二泊四日でニューヨークに飛んだのも、垣内さんの言葉に出会ったからでした。ヘッセルバイン女史は、あのピーター・ドラッカー博士の右腕として、ドラッカー財団を立ち上げた立役者です。

このときを逃したら、もう一生機会は得られないだろうとの思いからでした。その二時間のディナーが、私の生き方の幅を大きく拡げてくれると直観したからです。

実際、フランシスとの時間への投資は、私の人生に余りあるものをもたらしてくれました。いまでは、私にとって大切なメンターのひとりになっています。

立ち止まって振り返る貴重な時間

いま私はご縁があって、毎月のように、経営者やさまざまな立場の方々が集う「寺子屋百年塾」という学びの場を開いています。この本の内容も、九州寺子屋百年塾でお話ししたことがベースになっていることは、まえがきに記したとおりです。百年先を見据えて、いまという大切な時間をいかに過ごすべきかを考える百年塾。おかげさまでとても好評で、長野や九州の百年塾は、もう六年目を迎えています。

しかし、いつも思うのは、塾の真価は私の講話などではなく、定期的に仕事を離れて志を同じくする人たちとともに過ごす、その時間にこそある、ということです。

その時間のなかで、前回からの二ヵ月間の自分の生き方、働き方を振り返ってみる――自分が下した決断は、はたして仲間たちに勇気を与えるものであったか、大事なスタッフと過ごした時間は十分だったか。

それらを静かに振り返ってみる時間にこそ、価値があるのだと思います。

私たちはだれしも、それほど強くはありません。つい忙しさにかまけて、いちばん大切なことに時間を割かなくなります。つまり目の前の優先事項にばかり振り回されて本当に重要なことから目を背けてしまいがちです。

だからこそ、いわば階段の踊り場に立ち止まるための時間が必要なのです。そこでまた、本当に重要なことは何かを考えるのです。

F1などのレーシング・カーもピットインする時間をとるから、最後まで走り続けることができます。百年塾はいわば二ヵ月に一度、心身ともにピットインする時間。そのしばしのゆっくりとした時間の流れのなかで、人生の幅がまたひとつ、拡がっていくのではないでしょうか。

第二十六講　伝える人に求められる品格

すでにお話ししてきましたように、私はこれまでの人生でじつに多くの師匠（メンター）に出会うことができました。本当に恵まれていたと思います。

まだまだ出会うべき師匠は多く、学ぶべきことは山ほどありますが、一方で、年齢を重ねるにつれて、自分が後進に伝える立場になることも増えてきました。

すると、それは本当に難しいことであるのを痛感します。

伝えるということは、おそらく永遠の課題なのでしょう。

そこで、伝える側に立つ人間の品格について考えてみたいと思います。

あなたの部下に必要な燃料は何ですか?

リーダーの立場の人なら、部下に何を伝えたいかということは明確にお持ちだと思います。問題は、どう伝えたら伝わるのか? ということでしょう。

どうしたら、相手の心を動かすことができるのか? いや、それ以前に、閉じてしまっている相手の心の蓋を、どうしたら開けることができるのか?

私自身の経験を通して、ひとつはっきりとわかったことがあります。

人は、相手が自分のことを心から気遣ってなどいない、ということを見抜いた瞬間、心の耳を閉じてしまうということです。そうなるとあとは、聞いている振りをするだけです。リーダーがどれだけ熱心に、豊富な知識を滔々と語ったとしても、相手に届くことはありません。

ですから、相手と向き合うときに必要なものは、すでに述べたように、深い愛

情と勇気とパッション。それ以外にはありません。

だれしも自分自身を成長させるためには、エネルギーの補給が必要です。心にも燃料補給が必要なのです。これは、リーダー自身もスタッフも同様です。ただし、世の中にはいろいろな燃料があります。たとえば、ハイオクで動く車にディーゼル車用の燃料を入れても意味がありません。反対にディーゼルエンジンで動く車にハイオクを入れても正しくは動きません。

人もまた同じで、百%のパフォーマンスを挙げるには、それにふさわしい燃料が必要です。そしてリーダーには、**それぞれのスタッフに必要な燃料は何なのかを見極める心の目が必要**だということです。

では、どうすれば、それを見極めることができるのか？

それこそが、いつも相手を気遣うということ、見守るということ。すなわち愛と勇気とパッションを持って向き合い続けるということです。

あなたにいま、必要な燃料は何ですか?

これは、リーダー自身にとっても同様のことです。

いま、自分の成長にとって必要な燃料は何か?

これを日々考えながら、読むべき本、出るべきセミナー、会うべき人を決めていく必要があります。日々、自分を磨いていく必要があります。

なぜなら、人が相手の話に耳を傾けるか否かを決めるもうひとつの要因は、**「それをだれが伝えているのか」**ということだからです。

私は、伝えるときのステップとして、「何を伝えるか」ではなく、「どう伝えるか」が大事だという話をいろいろなところでしてきましたが、「どう伝えるか」よりもさらに大事なのが、「だれが伝えるか」ということです。

同じことを同じように話しても、あの人が言うなら聞くけれど、この人から言われても何も感じない、となるものだからです。

磨くべきは、伝え方の技術ではなく、自分自身です。

自分を磨き続けるリーダーの品格

では、自分を磨くとはどういうことか？　ここで、自分の在り方を考えてみたいと思います。

自分とは、周りの人にとって何なのでしょうか？

それは「環境」であるということです。

自分の存在とは、周りの人から見たら環境そのものです。

であるならば、リーダーたる者、自身の環境整備に最大の関心を払うべきです。リーダーは、組織にとってもっとも影響力のある「環境」そのものだからです。

自分は周囲にとってどんな環境を生み出しているのか？
心がワクワクする環境、背筋が伸びるような環境、勇気が湧いてくるような環境、それとも心が閉じてしまうような環境……。

自然界と同じく、何が快適な環境かは、人によって異なりますし、そんな環境をすぐにつくり出せるわけではありません。今日は最高の環境をつくり出していたとしても、明日には相手が心を閉じてしまうこともあります。

人間と向き合い、人間を学ぶということは本当に難しい。永遠の課題です。けれども、つねにその課題に向かって自分を磨き続けていくこと。それがまた、リーダーとしての品格を育んでいくのではないでしょうか。

第二十七講　相手に行動を起こさせるのがコミュニケーション

前講では、リーダーの伝える力について、お話ししました。

では、そもそも「伝える」とはどういうことなのでしょうか？

コミュニケーションは何のために必要なのでしょうか？

コミュニケーションは情報伝達ではない

コミュニケーションの目的はただひとつ。相手に行動を起こさせることです。

ああ、いい話を聴いた。感動した。それで終わってしまって、何の行動も起きなかったとしたら、それは、コミュニケーションとはいえません。単なる情報伝達です。相手の心に届いて、相手の心にスイッチが入って、その場で行動が起こらない限り、コミュニケーションとは呼びません。

百回言っても伝わらないのが当たり前

よく、何度言い聞かせても伝わらない、相手が変わらない、と嘆くリーダーがいらっしゃいます。そこで尋ねてみます。何回伝えましたか？　と。

たいていは、多くて三回。

そんな回数で伝わるはずがありません。

十回？　まだまだ足りません。

百回？　多分それでも足りないでしょう。第二十講でも触れたように、リッツ・カールトンの創業者、シュルツィ氏は五百回を基準にしていました。

では、リーダーはいつまで伝え続ける必要があるのでしょうか？

伝わるまでです。**相手に本当に伝わるまで、相手の行動が変わるまで言い続ける必要があります。**

すなわち、**相手が、自分の望む結果を出すまでは伝え続けるという覚悟が必要**だということです。

ここでもまたリーダーには、**勇気と愛、そしてパッションが必要だということがわかります。同時に、ぶれない信念と哲学**が求められるのです。

組織に哲学を浸透させるには頻度が重要

組織のトップには、その確固とした哲学、ぶれない理念を、組織全体に浸透させていく責任があります。浸透させるために伝え続けていく責任があります。

想いが具体的行動となり、組織の仕組みとして体現されるためには、やはり言葉で伝え続けなければなりません。

そこで、同じようにお尋ねしてみます。ちゃんと伝えていますか？　と。

すると、はい、伝えています、でもなかなか徹底されなくて、とおっしゃいます。

そこで聞きます。どのくらいの頻度で伝えていますか？　と。

ほとんどの方は、月に一度の全体会議などで、とおっしゃいます。

とんでもない。そんな頻度で浸透するはずがありません。

週に一度でも足りないでしょう。

ましてや大企業のように、社長が直接哲学の話を語るのは、年に二、三度、年頭と期首だけなどというのは論外です。

どんな物事にも、やはり**頻度が重要**なのです。多忙を理由にこの頻度を妥協するから、伝わらないのです。

頻度を高めるには、時間とエネルギーが必要です。熱意、パッションがいるのです。だからこそ、

熱意×頻度＝哲学の浸透率

なのです。

シュルツィ氏は、クレドを一万回語ると言いました。第二章でご紹介した中央タクシーの宇都宮会長も一万回が基準だとおっしゃいました。

まさにそれこそ、リーダーの愛と情熱でしょう。

第二十八講　謙虚さは力である

多くの経営者の方にお会いしてきましたが、経営者に必要な在り方として、みなさん、一様におっしゃるのが、「謙虚さ」です。「謙虚さこそが力だ」とおっしゃる方も少なくありません。

第一章で、木の根と地上に出ている幹や枝葉のことをお話ししました。それは言い換えると、「明徳」と「玄徳」のことだということも。

樹木というのは、地表に出ている幹、枝、葉だけでなく、同じだけの根が地下に張ることで成り立っています。表に出ているのが明徳、地下にもぐって表には出ないけれど、明徳を支える、とても大切なものが玄徳。そして、この玄徳にあたるのが、「哲学」です。

けれども、この二つの徳について、別の見方をすることもできます。

それは、「感謝」です。太陽のように目に見える形で、あるいは、地球の土のようにふだん意識しない形で、私たちは、さまざまな恩恵を受けて、生きていきます。家族から、会社の人から、地域の人から、社会から。

それらに思い至るとき、おのずと感謝の念が湧いてきます。

そして、自分がまだまだそれらに報いていないこと、まだまだ知らないこと、できないことがたくさんあること、まだまだ敵わない人、手の届かない人がたくさんいることに気づきます。

それに気づいたとき、人はおのずと謙虚になるのです。

第二十九講

人生の主体性とは何か？

この章の最後にお尋ねします。そもそもあなたは、どのような人生を送りたいと思っていますか？　どんな働き方をしたいと思って日々を過ごしているのでしょうか？

自分の働き方、つまり自分の仕事人生や、趣味や娯楽も含めた自分の人生そのもの、それを堂々と遠慮なく、自分自身で企てること。だれかに企てられるのではなく、自分で決めて自分でつくっていくこと――それが、主体的に生きる、ということだと思います。

すなわち、**主体性とは、自分の人生を企てる力を持つこと。その力を磨いていくこと**――そして、それこそが私たちの、少なくとも私自身の人生の喜びであると感じています。

人生はおひとり様、一回限り。

人というのは最期の瞬間まで、一生学び続け、一生成長し続けるものだと思います。

そして、願わくば、死が迫ったそのときに、最高の品格を身につけて、この世に身仕舞いをしていけたら……最高の人生ではないでしょうか。

第四章

社会の品格

第三十講

品格ある社会には、「祈り」がある

この最後の章では、「社会の品格」について考えたいと思います。

といっても、社会そのものに品格があるわけではありません。よく日本の品格とか国家の品格といいますが、すべては、それらを構成している私たち一人ひとりの品格の総和です。社会の品格も同様でしょう。

とすると、社会の構成員として、社会の一員として、自分はどのように社会と関わっていくべきか、品性を磨いて社会と関わっていくとはどういうことかを、私たち一人ひとりが考え続けていくことが重要になってきます。

では、品格ある社会にとってもっとも重要なものは何なのでしょうか？

これについては、私はまず、「祈り」を挙げたいと思います。

「宗教」と「信仰」の大きな違い

私の生まれた長野県戸隠村（旧）には、標高一千メートルを超える、聖地とされる場所があり、いまも修験者が修行に訪れます。

けれども、それは「信仰」の対象としてであって、いわゆる「宗教」的な意味合いではありません。あくまで信仰です。何百年も続く信仰なのです。

宗教と信仰は同一視されることが多いですが、私は違うと思っています。あくまで私見ですが、たとえば宗教はビジネス化できます。厄払いのための壺やお札などを売ることもできる。祈禱も出張してやってくれます。ビジネス化できています。

宗教にはこうした外的な要素が多いので、ビジネスとして成り立つのだと感じています。

それに対して、信仰はあくまで個々人の内面の問題ですから、ビジネス化できません。自分と向き合う静かな祈りは、ビジネス化できないのです。コモディティ（商品）にはならないのです。祈りは生き方そのものなのですから。

「願い」と「祈り」の大きな違い

第三章で、神社仏閣に奉納された石灯籠に刻まれていた言葉が、「諸国客衆繁盛」から「商売繁盛」に変わってしまっていたというお話をしました。

「諸国客衆繁盛」、すなわちお客さまの繁盛を「祈って」いたはずのものが、いつのまにか「商売繁盛」と自分の繁盛を「願う」ようになってきたと。

「祈り」が「願い」に変わってしまったのです。

この違いが、現代社会の歪みを象徴的に表しているのではないでしょうか。

祈りを願いにしてはいけないのです。

自分自身と向き合って、自分の人生をよくしたいと願う、それは大事なことです。しかし同時に、社会の中で、その一員として自分が何をしなければならないかを考える瞬間もまた必要です。そして、後者において持つべきものが、祈りの感性なのです。

戸隠村の修験道場を訪れる修験者たちの姿に、昔の人は、この「祈り」を見ていたのでしょう。

日本の村の生活の中には、隅々まで祈りの文化がありました。

八幡さまのお祭りに始まり、春の田植え、秋の収穫、炭焼きから治水まで、それらすべてを神事ととらえた感性。田んぼの脇にある道祖神や馬頭観音に手を合わせる姿からも、日常のいたるところに祈りがあふれていたことを感じます。神仏に感謝し、目に見えぬものを畏れる謙虚な姿勢。そこに、日本の社会の品格を感じます。

しかしながら、その感性は、いまはどうなってしまったのでしょうか。

第三十一講　ストレスではなく、プレッシャーを与えていますか？

前講では品格ある社会の要素として、「祈り」について考えてみました。次は、「プレッシャー」について考えてみたいと思います。

ストレスは不要だが、プレッシャーは必要

健全な会社、健全な組織、健全な社会には、必ずプレッシャーが存在します。プレッシャーがあればこそ、人も会社も社会も「成長」します。人の可能性を引き出し、成長を促すには、プレッシャーが必要なのです。

これを聞いて怪訝な顔をされる方がいるとしたら、プレッシャーとストレスを混同しているのでしょう。

人が成長する過程でプレッシャーは必要です。ハードルを上げ、自分の限界に挑戦するために、プレッシャーは成長に欠かせないエネルギーを生み出すからです。

しかしストレスは不要なものです。多くの場合、ストレスは心を蝕んでしまう負のエネルギーを生み出します。やる気をなくし、心を疲弊させるのがストレスです。不要なものとはいえ、人間ですから完全になくすことはできません。


だれかが、プレッシャーに耐えられず辞職すると言った場合、それは、じつはほとんどストレスが原因です。多くの場合、人は仕事がつらくて会社を辞めるのではなく、その会社における人間関係を辞めるのだといいます。つまり、ストレスのほとんどが人間関係に起因しているということです。

仕事のプレッシャーに耐えられない人は少ないけれど、人間関係のストレスに耐えられない人は多いということでしょう。

いまの日本は、社会全体がストレスに満ちていると言われます。一方で、おもに若い人たちに対する、かつてのようなプレッシャーは減ってきているように思います。そんななかで、社会の構成員としての私たちにできることは、**プレッシャーをストレスに変えない**、ということではないでしょうか。

より実践的には、プレッシャーをかけて相手の成長を促すべきところで、ただストレスになるような伝え方をしてはいけないということです。

たとえば会社で部下を指導する際にも、単にストレスになるような言葉を使っていないかを考える、ということです。

自分をどう見せるかではなく、相手にどんな影響を与えるか？

以前、ある組織でお手伝いをさせていただいたときのことです。二人の中間管理職がいました。ひとりはまだ三十代で、見るからに頭が切れてスマートで、文字どおり目から鼻に抜けるタイプ。近づき難い雰囲気丸出しです。もうひとりは、五十代。こちらは、見るからにとろい。やることは遅いし、よくポカをする。あー、またやっちゃった、というタイプです。しかし全身から温かい人柄が伝わってきます。

どちらのリーダーに人望があったか。部下を育てるという点で優れていたか。もうおわかりですね。私がその組織のトップから依頼されたのは、その優秀だけれど人望のない管理職を「なんとか変えてほしい」ということでした。

結論から言うと、三回の研修で大きく変わりました。それまでだれも寄りつかなかったかれのもとに、部下たちが相談に行くようになりました。かれが、部下たちに、ストレスではなくプレッシャーを与えられるようになったからです。

別に魔法を使ったわけではありません。私がかれに対して行ったのはコーチングでいうところの、「気づき」を促すことだけでした。

かれの心の底には、自分は正当に評価されていない、認められていない、という不安と不満がありました。その裏返しとして、「僕はできるんだ。優秀だ」ということを示し続けることで、自分の存在価値を主張し続けていたのです。

その結果、自分をさらに賢く優秀に見せることに必死で、自分が相手にどのような影響を与えているのかに、思いをめぐらすことができないでいました。自分がスタッフたちにとってどれほどのストレスになっていたかなど、気づく余地もなかったのです。

私が行ったコーチングは、かれ自身が自己肯定感を取り戻すことでした。自分はすでに価値のある人間だと、自分で自分を認めることができたとき、かれの視線ははじめて外に向かいました。自分が周囲に及ぼしている影響について見ることができるようになりました。

そして、スタッフもまた自分に認めてほしいと思っている、ということに、ようやく気づきました。

そのとき、リーダーとしてのかれが変わったのです。

では、いまのこの日本の社会に目を転じたとき、私たちは自分の存在が大事なものであるということをちゃんと意識できているのでしょうか。高い自己肯定感を持って日々を生きることができているのでしょうか。

あらゆるところに、疑問符が浮かんでくるような気がします。

だからこそ、私たちは、物質文明ではなく、精神性を大切にして幸せ指数を上げていた、かつての、物質文明に侵される前の、ブータンのような文明国に品格を感じるのかもしれません。

第三十二講　自分の存在は、他者にとっての「環境」

社会の調和がとれない理由の多くは、自分が使っている言葉、自分の姿勢の持つ影響力に、私たちがあまりにも無自覚でいること、責任を持たないでいることにあります。

ひょっとしたら、言葉というのは自分が好き勝手に使っていいものだと思っている方が大半かもしれません。それによって責められるような事態になったとしても、自業自得と覚悟しているからいいだろう、と。立ち居振る舞いや装い、外見についても、同様に考えている人が多いように思います。

では、自分の使う言葉や振る舞いが、目の前の相手や周囲に及ぼす影響についでは、どのように考えているのでしょうか？

あなたとあなたの会社は、社会にとって、どんな「環境」ですか？

第二十六講でお話しした「自分は他者にとっての環境である」ということを、ここで改めて考えてみたいと思います。

もし、あなたが管理職だったら、あなたの部署の雰囲気、つまり環境をつくっているのはあなたです。職場に明るく清々しい風は吹いているでしょうか。もしも暗い雰囲気が漂っていたとしたら、それはあなたの責任なのです。

もし、あなたが社長だったら、あなたの会社の雰囲気、つまり社風をつくりだしているのは、あなたです。社員は、生き生きと幸せに働いているでしょうか。もし社員が伸び伸びと働いていないとしたら、それはあなたの責任なのです。

さらには、経営者としてあなたには、社会に対する責任もあります。あなたの会社が社会に及ぼす影響です。あなたの会社は、地域の方たちから感謝される存在でしょうか。それとも疎まれるような存在でしょうか。

あなたの会社が社会に対してつくり出している「環境」とは、どんなものでしょう？

私たち一人ひとりが、他者にとっては「環境」そのものです。

百人の人の中における自分の存在とは、他の九十九人にとってはつねに環境であるということです。

自分は、他の九十九人にとってどんな意味のある存在なのか？

自分は周りの人から見たとき、爽やかな風をまとった存在だろうか？

そのことを自覚することで初めて、社会との関係性が見えてきます。と同時に社会に対する責任感が生まれます。

それが、社会に対する個人としての「品格」が意識される瞬間なのだと思います。

第三十三講

言葉は行動を生み、行動は習慣となり、組織や社会の品格を決める

私たちは周りに対して、自分が思っているよりずっと影響力があるものです。社会の影響を受け、社会と関わりながら、私たち自身が社会に影響を与えています。社会的な地位がどうのこうのということではありません。

まず、このことをしっかりと意識することが大事です。

そのうえで、自分が使う言葉に最大の責任を持つことです。

なぜなら、言葉が行動を生み出すからです。

繰り返される行動は習慣となります。

個人の習慣はその人の人格を形成します。
社員の行動と習慣は、会社の社風をつくり、組織の品格を決定するのです。

よい習慣とは、まず人の幸せを考える習慣

たとえば、おもてなし。だれもが使う言葉ですが、これを行動に移し、習慣にするまでにはかなり時間がかかります。すぐにできるようにはならないものです。だからまずは、初歩的なおもてなしの行動から入ります。

具体的には気持ちのよい挨拶がいちばんでしょう。毎日、自分から元気に明るく挨拶をする。返事が返ってきてもこなくても、気にすることなく声を出し続けます。

これを意識的に繰り返すと、だんだんと自然体でできるように習慣として身についてきます。少しずつ、相手の気持ちに合わせた挨拶ができるようになってい

きます。

おもてなし、おもてなしと、難しく考えずに、こうした身近なところでよい習慣をつくっていきたいものです。


では究極のよき習慣とは何か？

それは自我を離れ、利他の心で人の幸せを願う習慣です。

最初は意識的に、努めて、そうするところから始まります。やがて、それが習慣となり、無意識のうちにほかの人の幸せを考えるようになります。

「お世辞」という言葉がありますが、そのもととなったのは、「世辞」という言葉でした。たとえば、「おはようございます」と言ったら、その後に、「今日はいいお天気ですね」を必ず言う。これが「世辞」です。

江戸時代には五歳の子どもでも、自然に口にしていました。それが社会の習慣だったからです。相手を気遣い、人間関係をスムーズにしていく潤滑油でした。「どちらまで」「ちょっと、そこまで」「お気をつけて」……。マンションやオフィスビルのエレベーターでいっしょになっても、挨拶も交わさないような現代の生活とはずいぶん異なります。

よい言葉がよい行動、よい習慣を生む

新約聖書にも「はじめに言葉ありき」とあります。よい習慣をつくるための第一歩もまた、言葉なのです。言葉が行動を生み、繰り返される行動が、やがて習慣となるからです。

であるならば、ふだんからどんな言葉を使うかを意識する必要があります。よい言葉がよい習慣を生み、悪しきことばは悪しき習慣をつくってしまう。よい習

慣はよい言葉を「口ぐせ」になるまで使い続けることで身につくのです。
さらに、成功者と言われる人や、幸せに日々を送っている人は、間違いなく多くの言葉を持っています。つまり、語彙が豊富です。それも美しい言葉、ポジティブな言葉をたくさん持っているのです。

したがって、**社会と関わるなかでもっとも大切なことは、よい言葉をたくさん使うということ**になります。よい言葉はそのひとの人間的成長を促し、品格をつくります。

逆に言うと、**品格のある人は、間違いなく言葉がきれい**だということです。
軽々しく人を批判したり、侮辱したり、あるいは嘲笑するような言葉を口にしません。

私の友人であり師匠でもある大久保寛司さんもまた、そのような方です。どんな立場の人に対してもフラットな目線を持ち、穏やかで優しく、ときとして厳しく確かな言葉を使うのです。大久保さんと会うたびに、人に対して優しくあることと、甘くあることとの違いを学びます。

そしてなんといっても、伝えるときの言葉の粒子が非常に細かいのです。まるでパウダーシュガーのような、粒子の細かい一言ひと言が心のひだまで、すーっと入ってくる。

それに比べると、私の言葉はまだまだザラメのレベルなのだと思い知らされます。そのパウダーのような言葉に触れながら、どうしたら自分のザラメをもっと細かいものにすることができるのか、いつも考えさせられるのです。

よい習慣はよい言葉を使うことから始まる。だから「口ぐせ」になるくらい、多くのよい言葉を使い続けること。そのことの意味と大切さがおわかりいただけたと思います。

このように、つねに課題を持ち続けること、自分にプレッシャーをかけることは大事なことです。少しずつ意識的に自分の言葉と行動を変えていくのです。それが無意識の習慣となるまで。

それがあなたの周りの社会に影響を与えるということなのです。

第三十四講　まず、相手に関心を持つ

最近の日本社会のさまざまな現象を俯瞰したとき、なんだかとても子どもっぽくなっているように感じるのは、私だけでしょうか?

耐える力が弱くなっている、人を思いやる力が弱くなっている、相手を受け止める力も弱くなっている、相手に関心を持つ力も弱くなっている、使う言葉も弱くなっている。

本来であれば、いっぱしのおとなとして身についているはずのこうした力が弱くなっているように感じるのです。ひと言でいうならば、愛情の薄い社会になってしまっている……。とても品格どころの話ではありません。

では、こうした現象を自分自身の問題として考えてみましょう。

おとなの感性と品格を取り戻すために、最初に鍛えるべき力は何なのでしょうか？

私は、それは、**関心を持つ力**だと思っています。相手に対して、周りの物事に対して、関心を持つ力です。


マザー・テレサの言葉を借りるまでもなく、愛の反対語は、憎しみではなく、無関心です。すなわち、何事に対しても無関心になってしまったことが愛情の薄い社会になってきてしまっていることの原因のひとつだと考えます。当然、人を愛おしむ感情もまた弱まっています。

人を愛することは相手を知ることから始まります。優しいという字は、人偏に憂うと書きます。人を憂う感性もまた、相手を知ろうとすることから始まるのではないでしょうか。

でも、私は、私たちの愛情そのものが減ってきているとは思いません。ただ、愛情に対する意識、それを表現する力が弱まっているだけです。

つまり、私たちの中にはまだ、豊かな愛情が眠っているのです。

では、自分の中にある愛情を目覚めさせるには、どうしたらいいのでしょうか？

その答えが、**相手に関心を持つ**ことです。

この人は何を大切にしているのだろう。

どんな人生を歩んできたのだろう。

好きな食べ物は？
旅行は好き？
どんな働き方がしたい？
これからの夢は？

関心を持つから、相手を知ろうとします。もっと関わりたいという思いが生まれます。相手に伝えたいことも出てきます。そして、相手の中で眠っている可能性に気づいたならば、それを引き出してあげたいと思うのです。

優しさにあふれた豊かな社会を築くために、自分にできることは何だろうか？
何事も他人事ではなく、自分事としてとらえるために、自分はどう変わらなくてはならないのだろうか？

そうしたプッシャーを自分自身に適切な形でかけていくために、言葉を変え、言葉を磨き上げることが大切です。

そして、このように、私たち自身が自分を磨き続けることが、社会を変えていくということではないでしょうか。

第三十五講　ぶれない「哲学」、そして、それへの誇り

最後に、社会との関わりのなかでの品格を考えるにあたり、もっとも大切なことをお話ししたいと思います。

それは、そもそも品格とは何か？　ということです。

品格のある人、品格がない人、品格を感じる会社、品格を感じない会社……人や物事の真ん中にある品格の正体とは何か？　ということです。

そう、本書の冒頭、第一章のテーマにまた戻ってきたわけです。

これまでごいっしょに考えてきたとおり、品格のあるなしを決定づけるもの

は、結局は、「哲学」です。「理念や価値観」と言い換えてもいいでしょう。

揺れ動く心の真ん中にある不動のもの

心がぶれないという表現があります。けれども、私は、心がぶれることについては、あまり気にしなくてもいいと思っています。「決してぶれない強い心を育てよう」などと言われると、なんだかストレスを感じます。

あるお坊さんが、「心はころころ変わるものだよ」とおっしゃっていました。**人は心変わりをする生きもの**なのです。

そもそも、厳しい局面や就職の面接のとき、あるいは心ない中傷にあったときなど、心が揺れ動かないわけがありません。プレッシャーやストレスを受けて、ざわめかないわけがない。常に揺れ動き、ぶれているのが心というものでしょう。

では、ぶれてはいけないものとは何か？

揺れ動く心の真ん中にあって、ぶれないもの。自分の在り方を決定づけるもの

――それが、**哲学であり価値観**です。

自分の基軸となる哲学は、五重塔の心柱《しんばしら》のように、自分という存在の重心とな

るものです。

リッツ・カールトンの創業者、シュルツィ氏はよくこう言いました。

「人とは弱いものだよ」――彼は、性弱説の持ち主だったのです。**性善説でも性**

悪説でもなく、性弱説。人の心が簡単に揺れ動くことを知っていたのでしょう。

「心は弱いものだから多少ぶれてもかまわない。でも、自分自身のフィロソフィ

（哲学）だけは、自分で決めて、ぶれないように持ち続けるんだ」、と。

変化し、多様化する社会における「哲学」

社会は驚くほどの速さで変化していきます。まさに、昨日は想像できなかったことが明日は常識になっている。そして、多様化しています。

たとえば、企業のダイバーシティの課題も、女性活用から外国人採用、LGBTへの配慮と、その領域はどんどん広がっています。AI（人工知能）の進歩、進化においては、私の頭などではとうてい理解することもついていくこともできません。

そうした変化し多様化する社会のなかで、ぶれることなく物事を判断するにはどうしたらいいのか？

その中心にあるのが、やはり哲学であろうと思うのです。

勝海舟だって悩みました。坂本龍馬だって悩みました。けれども、かれらには、**その中心に哲学がありました。**

在り方への哲学がありました。

さらにいえば、**その哲学に対する**「**誇り**」がありました。

自分の使命感、在り方に対する「**誇り**」がありました。

ぶれない価値観、ぶれない哲学を持っている人、そして、その「**哲学**」**に対する**「**誇り**」を持つ人——まさにこうした人こそが、「品格」のある人だと私は思うのです。

おわりに

光陰矢のごとしといいます。

私は、一九七四年、プリンスホテルスクール（現日本ホテルスクール）を卒業し、その年の暮れに単身ニューヨークに渡りました。そして、開業直後のホテルキタノから始まり、ヒルトン、プラザ、ボナベンチャー、フェアモント、そしてリッツ・カールトンと、二十年に亘るホテル修業時代を過ごしてきました。

一九九〇年、リッツ・カールトンに移籍後は、サンフランシスコの開業やシドニー、香港、バリ島などの開業準備に参画しました。その後、ホノルルオフィス、日本オフィスの立ち上げに関わり、一九九四年に日本支社の代表として、二十年間の滞米生活にピリオドを打ち、帰国することとなりました。

帰国後は、リッツ・カールトンのブランディング活動、海外ホテルの営業活動を中心に、一九九七年の大阪開業、二〇〇七年の東京開業のサポートなど、文字どおり無我夢中で働き続けました。

もちろん、すべてが順調だったわけではありません。ときとして心ない誹謗中傷にさらされたこともあります。企画が空回りしたことも、思わぬことで足をすくわれそうになったことも、悔しい想い、悲しい想いをしたことも多々あります。ビジネスとは戦いであり、厳しいものであるという、当たり前のことを思い知らされたものです。

そんなホテルマン人生にピリオドを打ったのが二〇〇九年九月のこと。生まれ故郷、長野市の市長選挙に出馬するためにホテルを退職し、投票日まで実質三週間という選挙戦に、背水の陣で挑む決心をしたのです。結果は六百五十一票届かずに惜敗。大好きだったホテルからの離脱、そして絶望。いかに脳天気な私でも、そのときには正直、かなり落ち込みました。

善光寺さんのご本堂で瞑想する日々が続きました。ホテルを去ったことの意味、落選したことの意味、選挙を通して出会った仲間のことなどを考え続けました。そんなある日、ウグイス嬢としていっしょに選挙戦を戦ってくれた笠井宏美さんが、こう言ったのです。

「百年先を見据えて、いまの生き方、在り方を考える『寺子屋百年塾』をここ善光寺さんからスタートしたいのです。私が責任を持って塾頭を務めます。高野さん、塾長としていっしょにやってくれませんか」

ビジョンが一筋の光のように、思考回路に入ってきた瞬間でした。

あれから七年。百年塾は長野から東京、鎌倉、掛川、出雲、九州など、十数ヵ所に広がりを見せています。

そして、今回、九州寺子屋百年塾の二〇一五年度のテーマであった、「品格」の講義録をまとめ、世に問う機会をいただきました。

九州寺子屋百年塾のメンバーは、全員が経営者です。塾頭の三宅美穂子さんにはこんな信念があります。

「経営者が変われば会社が変わり、会社が変われば地域が変わる。地域が変われば九州が変わり、九州が変われば日本が変わる」

経営者の品格、組織の品格、働き方・在り方の品格など、リーダーとして品格を意識することはとても大事なことだとの信念から導き出したテーマです。

とはいえ、このテーマをいただいたとき、私には迷いと戸惑いがありました。「信州の山猿」を自認する自分は、品格とはもっとも遠い存在だということがわかっていたからです。さらに三十五年間在籍したホテル業界は、夢を売る表の顔とは別の、修羅場のような裏側の世界があります。ここもまた、品格と呼べるかどうか……。

そんな迷いを吹き飛ばしてくれたのが、お師匠の言葉でした。

「高野さん、我々は皇室の方々のように、いわゆる高貴な血筋の人間ではないんですよ（笑）。生まれつき品位、品格を持っていることのほうが稀有なことだとは思いませんか。品格には二つあると思うんです。ひとつは、宮さまのように、生まれつきの血の成せる業ともいえる品格。もうひとつは、高野さんの大好きなワインと同じ。すなわち、樽（人生）の中でじっくりと時間をかけて熟成される品格。そうは思いませんか。高野さんもこれまで、長い年月をかけて品格を磨いてきたような素敵な人たちに、米国でも日本でもたくさんお会いになったでしょう。そのとき、何を感じたか、何を学んだか、それを素直な気持ちで伝えたらいいんです」

こうして、九州寺子屋百年塾の「品格」の講義がスタートしました。哲学者でも思想家でもない私が語れることは、お師匠の言うとおり、多くの貴重な出会いから、そしてビジネスの現場から私が学んできたことでした。経営者の立ち位置、リーダーの役割、組織の在り方、働き方などを、「品格」というフィルターを通して見たときに、何が見えるか。毎回それを考える貴重な時間となりました。

お忙しい日々のなか、ふと人生の階段の踊り場に立って、自分の在り方を考えるとき、本書が心のパートナーのように、みなさんのそばにそっと寄り添う、そんな存在になれることを心より願っています。

最後になりますが、百年塾の講義録を本にするという機会を与えてくれた、ディスカヴァー・トゥエンティワンの社長、干場弓子さんには心からお礼を申し上げます。

そして、いつも百年塾を盛り立て、さまざまなチャレンジを提示してくれる、塾頭の三宅美穂子さんと副塾頭の清水卓巳さんに、心からの感謝を申し上げたいと思います。

二〇一六年　秋の佳き日に

高野　登

高野 登 Takano Noboru

1953年5月、長野県長野市（旧戸隠村）生まれ。プリンスホテルスクール（現日本ホテルスクール）卒業後、21歳でニューヨークに渡り、ヒルトン、プラザホテルなど名門ホテルを経て90年、リッツ・カールトンへ移籍。94年にリッツ・カールトン日本支社長として帰国。97年に大阪、2007年に東京の開業をサポート。2010年、人とホスピタリティ研究所設立。リッツ・カールトンや卓越した企業からの学びを中心に、リーダシップ研修、人財育成、組織活性化の研修やセミナーを開催。また、2009年より始めた、100年先を見据えていまの生き方、在り方を考える経営者を中心とした学びの場「寺子屋百年塾」はすでに全国十数カ所で開催されている。ベストセラー『リッツ・カールトンが大切にするサービスを超える瞬間』（2005年かんき出版）以来、著書多数。

品格を磨く

発行日：2016年11月15日　第1刷

Author　高野 登
Book Designer　松田行正＋梶原結実
Publication　株式会社ディスカヴァー・トゥエンティワン
〒102-0093 東京都千代田区平河町2-16-1 平河町森タワー11F
TEL　03-3237-8321（代表）／FAX　03-3237-8323
http://www.d21.co.jp
Publisher & Editor　千場弓子

Marketing Group　小田孝文 井筒浩 千葉潤子 飯田智樹 佐藤昌幸 谷口奈緒美
西川なつか 古矢薫 原大士 蛯原昇 安永智洋 鍋田匠伴 榊原僚
佐竹祐哉 廣内悠理 梅本翔太 奥田千晶 田中姫菜 橋本莉奈
川島理 渡辺基志 庄司知世 谷中卓
Productive Group　藤田浩芳 千葉正幸 原典宏 林秀樹 三谷祐一 石橋和佳 大山聡子
大竹朝子 堀部直人 井上慎平 林拓馬 塔下太朗 松石悠 木下智尋
E-Business Group　松原史与志 中澤泰宏 中村郁子 伊東佑真 牧野類 伊藤光太郎
Global & Public Relations Group　郭迪 田中亜紀 杉田彰子 倉田華 鄧佩妍 李瑋玲 イエン・サムハマ
Operations & Accounting Group　山中麻吏 吉澤道子 小関勝則 池田望 福永友紀
Assistant Staff　俵敬子 町田加奈子 丸山香織 小林里美 井澤徳子 藤井多穂子
藤井かおり 葛目美枝子 伊藤香 常徳すみ 鈴木洋子 片桐麻季
板野千広 阿部純子 山浦和 住田智佳子 竹内暁子 内山典子

Proofreader　文字工房燦光
DTP　アーティザンカンパニー株式会社
Printing　大日本印刷株式会社

ISBN978-4-7993-1990-1